XM

写给青少年的

古文观止

伊泽◎编著

第4卷

游记的盛宴

民主与建设出版社

·北京·

图书在版编目（CIP）数据

写给青少年的古文观止 . 4，游记的盛宴 / 伊泽编著
. -- 北京：民主与建设出版社，2022.11（2023.11）

ISBN 978-7-5139-3965-2

Ⅰ . ①写… Ⅱ . ①伊… Ⅲ . ①古典散文－散文集－中
国②《古文观止》－青少年读物 Ⅳ . ① H194.1

中国版本图书馆 CIP 数据核字（2022）第 188542 号

写给青少年的古文观止 · 游记的盛宴
XIEGEI QINGSHAONIAN DE GUWENGUANZHI YOUJI DE SHENGYAN

编　　著	伊　泽
责任编辑	王　颂　郝　平
封面设计	阳春白雪
出版发行	民主与建设出版社有限责任公司
电　　话	（010）59417747　59419778
社　　址	北京市海淀区西三环中路 10 号望海楼 E 座 7 层
邮　　编	100142
印　　刷	德富泰（唐山）印务有限公司
版　　次	2022 年 11 月第 1 版
印　　次	2023 年 11 月第 5 次印刷
开　　本	880 毫米 ×1230 毫米　　 1/32
印　　张	5
字　　数	75 千字
书　　号	ISBN 978-7-5139-3965-2
定　　价	228.00 元（全 5 册）

注：如有印、装质量问题，请与出版社联系。

目录

⊙ **兰亭集序**（王羲之） ·············· **1**

经典摘录：群贤毕至，少长咸集。

⊙ **归去来兮辞**（陶渊明） ·············· **7**

经典摘录：木欣欣以向荣，泉涓涓而始流。

⊙ **桃花源记**（陶渊明） ·············· **12**

经典摘录：阡陌交通，鸡犬相闻。

⊙ **滕王阁序**（王勃） ·············· **19**

经典摘录：落霞与孤鹜齐飞，秋水共长天一色。

⊙ **春夜宴桃李园序**（李白） ·············· **30**

经典摘录：夫天地者，万物之逆旅也。光阴者，百代之过客也。

⊙ **陋室铭**（刘禹锡）· 33

经典摘录：山不在高，有仙则名；水不在深，有龙则灵。

⊙ **愚溪诗序**（柳宗元）· 36

经典摘录：夫水，智者乐也。

⊙ **小石城山记**（柳宗元）· · · · · · · · · · · · · · · · · · · 43

经典摘录：其气之灵，不为伟人，而独为是物。

⊙ **黄冈竹楼记**（王禹偁）· · · · · · · · · · · · · · · · · · · 48

经典摘录：远吞山光，平挹江濑，幽阒辽夐，不可具状。

⊙ **岳阳楼记**（范仲淹）· 54

经典摘录：先天下之忧而忧，后天下之乐而乐。

⊙ **相州昼锦堂记**（欧阳修）· · · · · · · · · · · · · · · 60

经典摘录：垂绅正笏，不动声色，而措天下于泰山之安。

⊙ **丰乐亭记**（欧阳修）· 68

经典摘录：仰而望山，俯而听泉。

⊙ **醉翁亭记**（欧阳修） 73

经典摘录：醉翁之意不在酒，在乎山水之间也。

⊙ **秋声赋**（欧阳修） 79

经典摘录：百忧感其心，万事劳其形。

⊙ **喜雨亭记**（苏轼） 86

经典摘录：商贾相与歌于市，农夫相与忭于野。

⊙ **超然台记**（苏轼） 92

经典摘录：去雕墙之美，而庇采椽之居。

⊙ **放鹤亭记**（苏轼） 98

经典摘录：春夏之交，草木际天，秋冬雪月，千里一色。

⊙ **石钟山记**（苏轼） 104

经典摘录：事不目见耳闻，而臆断其有无，可乎？

⊙ **前赤壁赋**（苏轼） 111

经典摘录：寄蜉蝣于天地，渺沧海之一粟。

⊙ **后赤壁赋**（苏轼） ·················· **118**

经典摘录：江流有声，断岸千尺，山高月小，水落石出。

⊙ **黄州快哉亭记**（苏辙） ·················· **124**

经典摘录：昼则舟楫出没于其前，夜则鱼龙悲啸于其下。

⊙ **游褒禅山记**（王安石） ·················· **130**

经典摘录：夫夷以近，则游者众；险以远，则至者少。

⊙ **阅江楼记**（宋濂） ·················· **137**

经典摘录：耕人有炙肤皲足之烦，农女有捋桑行馌之勤。

⊙ **沧浪亭记**（归有光） ·················· **145**

经典摘录：士之欲垂名于千载，不与其澌然而俱尽者。

兰亭集序

<small>lán tíng jí xù</small>

东晋 王羲之

作者档案

王羲之（303 年—361 年），字逸少，祖籍琅琊临沂（今山东临沂），后迁居会稽山阴（今浙江绍兴）。东晋书法家，士族出身，曾任江州刺史、会稽内史、右军将军等职，世称"王右军"。晚年称病辞官，放情山水。有"书圣"之称，与儿子王献之合称"二王"。《兰亭集序》被誉为"天下第一行书"，为历代书法家所敬仰。

永和^①九年，岁在癸丑。暮春之初，会于
永和九年，正值癸丑年，晚春之初，我们在会稽郡山阴县的兰亭集会，

会稽山阴之兰亭，^②修禊^③事也。群贤毕至，
举行禊礼。各路贤者才子都来了，老老少少会聚一堂。这里有高峻的山峰，

少长咸集。此地有崇山峻岭，茂林修竹，又
茂盛的树林，高高的竹子，又有清澈湍急的溪流辉映环绕四周，我们引溪水

有清流激湍，映带左右，引以为流觞曲水④，
作为漂流酒杯的水道。大家依次在曲水旁落座，虽然没有丝竹管弦齐奏的盛

列坐其次，虽无丝竹管弦之盛，一觞一咏，
大场面，但一边饮酒一边赋诗，也足以畅快地倾吐心中的高雅情怀。这一天，

亦足以畅叙幽情。是日也，天朗气清，惠风⑤
天气晴朗，空气清新，和煦的春风舒缓地吹来，抬起头能看到宇宙的浩瀚无

和畅。仰观宇宙之大，俯察品类⑥之盛，所以
垠，俯下身能细察万物的繁荣旺盛，于是放眼观赏，舒展胸怀，足以享尽耳

游目骋怀，足以极视听之娱，信可乐也！
目视听的欢娱，真是非常快乐的事情！

①永和：晋穆帝年号（345年—356年）。②会稽：郡名，郡治设在今浙江绍兴。兰亭：在今浙江绍兴西南。③修禊：古代在水边举行的清除不祥的祭礼。④流觞曲水：将酒杯放在弯曲的水道之上，任其漂流，漂到谁面前谁就要饮酒。⑤惠风：和风。⑥品类：指自然界的万物。

夫^①人之相与，俯仰一世。或取诸怀
说起人与人的相处，很快便过了一世。有的人把自己的心中之事倾

抱，晤言^②一室之内；或因寄所托，放浪形骸^③
吐出来，与朋友在小屋里亲切交谈；有的人则把自己的志趣寄托在外物之上，

之外。虽趣舍^④万殊，静躁不同，当其欣于所
怡然自得。虽然他们的取舍千差万别，性格动静也各不相同，但当遇到令人

遇，暂得于己，快然自足，不知老之将至。及
高兴的事，一时感到称心如意，就会欣喜且自足，竟忘记了暮年将要到来。

其所之既倦，情随事迁，感慨系之矣。向之所
等到厌倦了所追求的东西，感情随着事物的变迁而变化，感慨便自然而然地

欣，俯仰之间，已为陈迹，犹不能不以之兴
从心中流出。以往所为之快乐欣喜的事物，转眼间都变成了前尘故迹，尚且

怀；况修短随化，^⑤终期于尽。古人云："死
对此不能不深有感触；更何况人一生的长短只由天定，终究要归于结束。古

生亦大矣。"岂不痛哉？
人说："死生也是件大事情啊。"这怎么能不让人痛心呢？

①夫：句首发语词。②晤言：面对面交谈。晤：通"悟"。③形骸：
指身体。④趣舍：即取舍，爱好。趣：通"取"。⑤修短：人的
寿命长短。化：自然。

měi lǎn xī rén xīng gǎn zhī yóu　ruò hé yí qì①　wèi cháng
每览昔人兴感之由，若合一契①，未尝
每当看到前人感慨的缘由，和自己的感想竟然像符契那样相合，在

bù lín wén jiē dào②　bù néng yù③ zhī yú huái　gù zhī yì sǐ shēng④
不临文嗟悼②，不能喻③之于怀。固知一死生④
读前人的文章时总难免叹息感伤，心里很难说清为什么会这样。本来就知道

wéi xū dàn　qí péng shāng⑤ wéi wàng zuò　hòu zhī shì jīn　yì yóu jīn
为虚诞，齐彭殇⑤为妄作。后之视今，亦犹今
把死生视为等同是虚妄的，把长命与短命等同起来是荒谬的。后人看待今人，

zhī shì xī　bēi fú　gù liè xù shí rén　lù qí suǒ shù　suī shì
之视昔，悲夫！故列叙时人，录其所述。虽世
也就像今人看待前人一样啊，可悲啊！我因此记下了与会者的姓名，抄录了

shū shì yì　suǒ yǐ xīng huái　qí zhì yī yě　hòu zhī lǎn zhě　yì
殊事异，所以兴怀，其致一也。后之览者，亦
他们所作的诗篇，虽然时代不同，世事有别，然而引发感慨的缘由大都相同。

jiāng yǒu gǎn yú sī wén
将有感于斯文。
后世看到这些诗篇的人，也将会有所感慨吧。

①契：古人交易时的凭证，分为两半，双方各持其一。②嗟悼：叹息哀伤。③喻：明白。④一死生：把死与生等同起来。⑤彭：彭祖，传说中长寿的人，相传他活了八百岁。殇：夭折的人。

深入浅出读古文

晋穆帝永和九年三月初三，当时的一些名士，如王羲之、谢安、孙绰、王献之等人，在浙江会稽的兰亭举行了一次盛大的诗酒聚会。参加这次聚会的共有四十一人，他们在溪水旁饮酒赋诗，还把这些诗歌汇编成集，取名为《兰亭集》。本文是王羲之为《兰亭集》所写的序，他在文中描绘了这次聚会的盛况，同时也表达了对人生无常、生命短暂的感慨。

本篇的写法是借景抒情。"永和九年……信可乐也"一段写兰亭周围的景色以及此次宴会的情形，这段描写疏朗跌宕，就像空蒙的云气驰骋在纸上一般。后两段写自己的感慨，"快然自足，不知老之将至"，这是乐极生悲，也是旷达洒脱，寄托了作者对生命意义的关怀。

知识加油站

书成换白鹅

王羲之很喜欢鹅，他认为养鹅不仅能陶冶情操，还能从鹅的动作中悟到书法理论。有一次王羲之外出游玩，看到一群漂亮的白鹅，便想买下，当他得知这些鹅是一个道士养的，便找到那个道士想买下那群鹅。那个道士听说大名鼎鼎的王羲之要买，便说："只要你能为我抄一部《黄庭经》，便将鹅奉送。"王羲之欣然答应，这便成就了"书成换白鹅"的佳话。

guī qù lái xī cí
归去来兮辞

东晋 陶渊明

guī qù lái xī　　tián yuán jiāng wú　　hú bù guī　　jì zì yǐ xīn
归去来兮，田园将芜，胡不归！既自以心
回去了啊！田园将要荒芜，为什么还不回去？既然自己让心为形体

wéi xíng yì①　　xī chóu chàng ér dú bēi　　wù yǐ wǎng zhī bú jiàn
为形役①，奚惆怅而独悲！悟已往之不谏，
所驱使，为什么还要惆怅和独自悲伤呢？知道过去的事情再也不能挽回，也

zhī lái zhě zhī kě zhuī　　shí mí tú qí wèi yuǎn　　jué jīn shì ér zuó
知来者之可追。实迷途其未远，觉今是而昨
知道未来还可以追求。走入迷途还不算太远，觉察到今天的正确和昨天的错

fēi　　zhōu yáo yáo yǐ qīng yáng　　fēng piāo piāo ér chuī yī　　wèn zhēng fū②
非。舟摇摇以轻扬，风飘飘而吹衣。问征夫②
误。船儿摇荡着轻快地向前行驶，清风徐徐，吹动着我的衣襟。我向行人询

yǐ qián lù　　hèn chén guāng zhī xī wēi③　　nǎi zhān héng yǔ④　　zài xīn
以前路，恨晨光之熹微③。乃瞻衡宇④，载欣
问前面的路程，只恨晨光微弱什么也看不清楚。终于看到了我简陋的房舍，

zài bēn　　tóng pú huān yíng　　zhì zǐ hòu mén　　sān jìng⑤ jiù huāng sōng
载奔。僮仆欢迎，稚子候门。三径⑤就荒，松
于是满怀喜悦地向前飞奔。家童仆人欢欢喜喜地出来迎接，孩子们则守候在

菊犹存。携幼入室，有酒盈樽⑥。引壶觞⑦ 以
门前。园中的小路快要荒芜，松树和菊花依然如往日一样。我拉着孩子们进屋，

自酌，眄庭柯⑧ 以怡颜，倚南窗以寄傲⑨，
酒杯已盛满了美酒。我拿起酒壶酒杯自斟自饮，看着庭院里的树木，怡然地

审容膝⑩ 之易安。园日涉以成趣，门虽设而
笑了。靠着南窗寄托傲岸的情怀，我深知这个狭窄的小屋才能让我舒适而安

常关。策扶老以流憩，⑪ 时矫首⑫ 而遐观。云
稳。平日里在园中漫步成为了我的乐趣，虽然设有园门却时常关闭。拄着拐

无心以出岫⑬，鸟倦飞而知还。景翳翳⑭ 以将
杖四处走走停停，不时地抬头远望。白云悠闲自在地飘出山峦，鸟儿飞累了

入，抚孤松而盘桓⑮。
也知道还巢。黄昏日暮时万物都变得昏暗模糊，我抚摸着孤松流连徘徊。

①心为形役：心为形体所驱使，指迫于生活而出仕。②征夫：行人。
③熹微：晓色微露。熹：晨光。④衡宇：横木为门的房屋，形容
居所简陋。⑤三径：典出《三辅决录》，汉代隐士蒋诩辞官不仕，
隐于杜陵，闭门不出，舍中三径，只有羊仲与求仲出入。后以三
径比喻隐士居处。⑥樽：盛酒器具。⑦觞：酒杯。⑧眄：这里指
随意看看。庭柯：庭院中的大树。⑨寄傲：寄托傲世的情志。⑩容膝：
形容地方狭小，只能容下自己的膝盖。⑪策：拄。扶老：指拐杖。
流：周游。憩：休息。⑫矫首：举首，抬头。⑬岫：山峰。⑭翳
翳：昏暗的样子。⑮盘桓：逗留，徘徊。

guī qù lái xī　qǐng xī jiāo ① yǐ jué yóu　shì yǔ wǒ ér
归去来兮，请息交①以绝游。世与我而
回去了啊！让我断绝与那世俗的交游。世道既然与我心相违，我还

xiāng wéi　fù jià yán xī yān qiú　yuè qīn qī zhī qíng huà　lè qín shū
相违，复驾言兮焉求？悦亲戚之情话，乐琴书
四处奔波寻求些什么？我喜爱亲戚朋友间充满情意的话语，也乐于沉浸在琴

yǐ xiāo yōu　nóng rén gào yú yǐ chūn jí　jiāng yǒu shì yú xī chóu ②
以消忧。农人告余以春及，将有事于西畴。②
与书中排遣忧愁。农人们告诉我春天来了，要到西边的田地中耕种劳作。我

huò mìng jīn chē ③　huò zhào ④ gū zhōu　jì yǎo tiǎo ⑤ yǐ xún hè
或命巾车③，或棹④孤舟，既窈窕⑤以寻壑，
有时驾着带篷的小车，有时划着小船，在幽深曲折中探访山谷，在崎岖艰难

yì qí qū ér jīng qiū　mù xīn xīn yǐ xiàng róng　quán juān juān ér shǐ
亦崎岖而经丘。木欣欣以向荣，泉涓涓而始
中访遍了山丘。树木欣欣向荣地生长，泉水涓涓地流淌。我羡慕万物生长正

liú　xiàn wàn wù zhī dé shí　gǎn wú shēng zhī xíng xiū ⑥
流。羡万物之得时，感吾生之行休⑥！
得其时，感叹自己的一生行将结束。

①息交：停止与人交往。②事：农事。畴：田地。③巾车：有帷
之车。④棹：船桨。⑤窈窕：幽深曲折的样子。⑥行休：行将结束。

yǐ hū yǐ　yù xíng yǔ nèi ① fù jǐ shí　hé bù wěi xīn ②
已乎矣！寓形宇内①复几时，曷不委心②
算了吧！寄身于天地之间还能有多少时日？为什么不顺着心意来决

rèn qù liú　hú wèi huáng huáng ③ yù hé zhī　fù guì fēi wú yuàn
任去留？胡为遑遑③欲何之？富贵非吾愿，
定去留？为什么还这样心神不定地想要追求些什么？富贵荣华既然不是我心

dì xiāng bù kě qī　huái liáng chén yǐ gū wǎng　huò zhí zhàng ér yún
帝乡④不可期。怀良辰以孤往，或植杖而耘
所愿，神仙世界也是无处寻求。趁着这大好时光独自闲游，有时也放下拐杖

zǐ　　dēng dōng gāo yǐ shū xiào　lín qīng liú ér fù shī　liáo chéng
籽⑤。登东皋以舒啸，⑥临清流而赋诗。聊乘
下田除草培苗。登上东边的高岗放声长啸，临着清清的流水悠然赋诗。姑且

huà yǐ guī jìn　　lè fú tiān mìng fù xī yí
化以归尽，⑦乐夫天命复奚疑！
随着自然变化了此一生吧，乐于听从天命还有什么可疑虑！

①宇内：天地之间。②委心：随心。③遑遑：匆忙不安的样子。
④帝乡：指仙境。⑤耘籽：除草培苗。⑥皋：高地。舒啸：放声
长啸。⑦聊：姑且。乘化：顺应自然的规律。归尽：到死。

深入浅出读古文

本文是一篇抒情小赋，写于作者辞官后。

陶渊明生动地描写了弃官归来的喜悦心情、回家后的生活情趣和感受，表现了他对官场的认识、对人生的思索以及热爱淳朴的农村田园生活的思想感情。

文章通过描写具体的景物和活动，创造出一种宁静恬适、乐天自然的意境。语言朴素，辞意畅达，匠心独运而又通脱自然，感情真挚，意境深远，有很强的感染力，是中国文学史上表现归隐意识的佳作。

知识加油站

成语词汇

今是昨非：现在是对的，过去是错的。指认识过去的错误。（选自文句："实迷途其未远，觉今是而昨非。"）

欣欣向荣：草木长得茂盛，生机勃勃的样子。后用于比喻事业蓬勃发展、兴旺昌盛的景象。（选自文句："木欣欣以向荣，泉涓涓而始流。"）

桃花源记

东晋 陶渊明

jìn tài yuán ① zhōng，wǔ líng ② rén bǔ yú wéi yè，yuán ③ xī
晋太元①中，武陵②人捕鱼为业。缘③溪
晋太元年间，武陵有个人，以捕鱼为生。一天，他顺着小溪划船前行，

xíng，wàng lù zhī yuǎn jìn。hū féng táo huā lín，jiā àn ④ shù bǎi
行，忘路之远近。忽逢桃花林，夹岸④数百
忘记了路的远近。忽然遇到一片桃花林，沿着溪流两岸延伸了几百步，其中

bù，zhōng wú zá shù，fāng cǎo xiān měi，luò yīng ⑤ bīn fēn。yú rén
步，中无杂树，芳草鲜美，落英⑤缤纷。渔人
没有别的树，树下芳草茵茵，鲜嫩美丽，花瓣飘落，洋洋洒洒。渔人非常诧

shèn yì zhī，fù qián xíng，yù qióng qí lín。
甚异之，复前行，欲穷其林。
异，又划船前行，想走到林子的尽头。

①太元：晋孝武帝年号（376年—396年）。②武陵：郡名，治
所在今湖南常德。③缘：沿着。④夹岸：两岸。⑤落英：落花。

lín jìn shuǐ yuán   biàn dé yì shān   shān yǒu xiǎo kǒu   fǎng fú ruò
林尽水源，便得一山。山有小口，仿佛若

桃花林尽处正是这溪水的源头，渔人到了那里就看到一座山，山上

yǒu guāng   biàn shě chuán   cóng kǒu rù   chū jí xiá   cái tōng rén   fù
有光，便舍船，从口入。初极狭，才通人。复

有个小洞口，仿佛有些光亮透了出来，渔人便下了船进入洞口。刚开始的一

xíng shù shí bù   huò rán   kāi lǎng   tǔ dì píng kuàng   wū shè yǎn rán
行数十步，豁然①开朗。土地平旷，屋舍俨然②，

段十分狭窄，刚刚能通过一个人。又走了几十步，眼前豁然开朗。土地平坦

yǒu liáng tián   měi chí   sāng zhú zhī shǔ   qiān mò   jiāo tōng   jī
有良田、美池、桑竹之属。阡陌③交通，鸡

宽广，房屋整整齐齐，有肥沃的田地、美丽的池塘和桑树竹子之类的植物。

quǎn xiāng wén   qí zhōng wǎng lái zhòng zuò   nán nǚ yī zhuó   xī rú wài
犬相闻。其中往来种作，男女衣着，悉如外

田间的小路交错相通，鸡鸣狗叫在村落间彼此相应。人们来来往往，耕种劳

rén   huáng fà chuí tiáo   bìng yí rán   zì lè   jiàn yú rén   nǎi
人。黄发垂髫④，并怡然⑤自乐。见渔人，乃

作。男女的衣着装束，完全和外面的人一样。老人和小孩个个安适自在，悠

dà jīng   wèn suǒ cóng lái   jù   dá zhī   biàn yāo   huán jiā   shè
大惊，问所从来，具⑥答之。便要⑦还家，设

然自得。他们看见了渔人，很是吃惊，问他从哪里来，渔人一五一十地作答。

jiǔ shā jī zuò shí   cūn zhōng wén yǒu cǐ rén   xián   lái wèn xùn
酒杀鸡作食。村中闻有此人，咸⑧来问讯。

有人便邀请渔人到家里去，备酒杀鸡款待他。村中的人听说来了这样一个人，

zì yún xiān shì bì qín shí luàn   shuài qī zǐ yì rén   lái cǐ jué jìng
自云先世避秦时乱，率妻子邑人⑨来此绝境，

都跑来问这问那。他们说祖先为了躲避秦时的祸乱，带领妻子儿女及乡邻来

bú fù chū yān   suì yǔ wài rén jiàn gé   wèn jīn shì hé shì   nǎi bù
不复出焉，遂与外人间隔。问今是何世，乃不

到这与人世隔绝的地方，就再没有出去过了，于是就与外面断绝了往来。他

zhī yǒu hàn　　wú lùn wèi jìn　　cǐ rén yī yī wèi jù yán suǒ wén　　jiē
知有汉，无论魏晋。此人一一为具言所闻，皆
们问现在是什么朝代，竟然不知道有过汉朝，更不要说魏和晋了。渔人就把

tàn wǎn⑩　　yú rén gè fù yán zhì qí jiā　　jiē chū jiǔ shí　　tíng shù
叹惋⑩。余人各复延至其家，皆出酒食。停数
自己的见闻详尽地讲给他们听，他们听罢都感叹不已。其余的人又相继邀请

rì　cí qù　　cǐ zhōng rén yù yún　　　　bù zú wèi wài rén dào yě
日，辞去。此中人语云："不足为外人道也。"
渔人到自己家中，以酒菜招待。住了几天，渔人便告辞离去。临走那里的人
嘱咐他说："这里的情形不要向外人说呀！"

①豁然：形容开阔敞亮的样子。②俨然：形容整齐的样子。③阡
陌：田间的小路。④黄发垂髫：指老人与小孩。⑤怡然：愉快、
高兴的样子。⑥具：通"俱"，全。⑦要：通"邀"，邀请。⑧咸：
都。⑨邑人：同乡的人。⑩叹惋：感叹。

jì chū　　dé qí chuán　biàn fú① xiàng lù　　chù chù zhì②
既出，得其船，便扶①向路，处处志②
渔人出来后，找到他的船，就沿着来路回去，一路上处处都留下了

zhī　　jí jùn xià　　yì tài shǒu③　　shuō rú cǐ　　tài shǒu jí qiǎn rén
之。及郡下，诣太守③，说如此。太守即遣人
标记。回到郡里，去拜见太守，报告了这个经历。太守立即派人随他前往，

suí qí wǎng　　xún xiàng suǒ zhì　　suì mí　　bú fù dé lù
随其往，寻向所志，遂迷，不复得路。
寻找前次做的标记，然而竟迷失了方向，再也没找到那条路。

①扶：沿着。②志：做标记。③太守：古代官名。

nán yáng liú zǐ jì　　　gāo shàng shì yě　wén zhī　xīn rán

南阳刘子骥①，高尚士也，闻之，欣然

南阳刘子骥是个志趣高尚的名士，听到这事，便兴致勃勃地前往寻访，

guī　wǎng　wèi guǒ　xún　bìng zhōng　hòu suì wú wèn jīn　zhě

规②往，未果，寻③病终。后遂无问津④者。

但没有找到，不久便病死了。从此以后，就再也没有访求桃花源的人了。

① 刘子骥：南阳人，当时的隐士。② 规：计划，打算。③ 寻：不久。④ 问津：这里是探访的意思。津：渡口。

深入浅出读古文

本文是《桃花源诗》的序言。在这篇游记中，陶渊明虚构了一个没有纷争、生活幸福安宁的理想世界，这既是一种寄托，又表现了他对当时社会的不满与批判。

作者借用小说笔法，以捕鱼人的经历为线索，以美好娴静的桃花林做铺垫，引出一个质朴自然的世外世界。接下来，作者借桃源人之口，说明当初来到这里的缘由——躲避战乱。"乃不知有汉，无论魏晋"一语，寄托了作者超然世外的幽思。渔人返寻所志、迷不得路，使读者由幻境回到现实。文末南阳刘子骥寻觅不得其踪一笔，又使全文有余意不穷之趣。

知识加油站

成语词汇

豁然开朗：原形容由狭窄幽暗突然变得宽阔明亮的样子，现比喻对于百思不得其解的事物，在突然间开阔了思路，明白了其中的奥秘。（选自文句："复行数十步，豁然开朗。"）

怡然自乐：形容高兴而满足。（选自文句："其中往来种作，男女衣着，悉如外人。黄发垂髫，并怡然自乐。"）

滕王阁序

téng wáng gé xù

唐 王勃

作者档案

　　王勃（650年—676年），字子安，绛州龙门（今山西河津）人。年十四，举幽素科，授朝散郎。因作文得罪唐高宗而被放逐，后补虢州参军，犯死罪，遇赦。年二十七，因渡南海探望父亲，溺水受惊而死。与杨炯、卢照邻、骆宾王齐名，并称"初唐四杰"。擅长五律、五绝及骈文，代表作有《送杜少府之任蜀州》《滕王阁序》等。

nán chāng　　gù jùn　　hóng dū xīn fǔ　　xīng fēn yì zhěn　　dì

南昌① 故郡，洪都新府。星分翼轸，地

南昌是旧时豫章郡的郡治，现在称洪州，天上的方位在翼、轸二星

jiē héng lú　　　　jīn sān jiāng ér dài wǔ hú　　　kòng mán jīng ér yǐn ōu

接衡庐。② 襟三江而带五湖，③ 控蛮荆而引瓯

宿的分野，所处地域与庐山、衡山相接。它以三江作衣襟，以五湖为衣带，

越。④ 物华天宝，龙光射牛斗之墟；⑤ 人杰地
控制着楚地，连接着闽越。这里汇聚了万物精华，上天瑰宝，在此发掘的宝

灵，徐孺⑥下陈蕃之榻。雄州雾列，俊彩星
剑的光芒直冲到了牛、斗二星之间；人中多俊杰，大地有灵秀，太守陈蕃专

驰。台隍⑦枕夷夏之交，宾主尽东南之美。
为徐孺设下卧榻。雄伟的州城在烟雾中若隐若现，杰出的人才像流星一样飞

都督阎公之雅望⑧，棨戟⑨遥临；宇文新州之
驰。洪州城坐落在夷夏的交界，宾客主人都是东南一带的俊杰。声名远播的

懿⑩范，襜帷⑪暂驻。十旬休暇，胜友如云；
阎都督，仪仗远来；德行美好的新州宇文刺史，赴任途中在此停留。正逢十

千里逢迎，高朋满座。腾蛟起凤，孟学士之词
日休假，良友众多，迎接远方来客，高朋满座。龙腾凤舞，那是文坛领袖孟

宗；紫电青霜，王将军之武库。家君作宰，路
学士文章的轻灵美妙；紫电、青霜，那是王将军武器库中的宝剑。家父到交

出名区，童子⑫何知，躬逢胜饯。
趾任县令，我在探亲途中曾路过这里；我一个无知小孩，竟也亲遇了这样盛
大的宴会。

①南昌：一作"豫章"，汉代豫章郡治所，唐代改为"洪州"，
故说"新府"。唐代宗当政后，为避讳唐代宗的名（李豫），"豫
章故郡"被改为"南昌故郡"。②翼轸：二星宿名。衡庐：指湖
南的衡山和江西的庐山。③三江：泛指长江中下游。五湖：一说指
太湖、鄱阳湖、青草湖、丹阳湖、洞庭湖。④蛮荆：指古楚地。

瓯越：指浙江瓯江以东一带。⑤龙光：宝剑的光芒。牛斗之墟：相传西晋的张华看见牛、斗二星之间有紫气，于是派人到丰城当县令，掘地得宝剑两口，一名龙泉，一名太阿。⑥徐孺：东汉名士徐稚。豫章的太守陈蕃素不待客，只有他来了才招待，并专为他设一榻，以示尊敬。⑦台隍：指洪州。⑧雅望：崇高的声望。⑨棨戟：有套的戟，古代官员外出时的仪仗。⑩懿：美好。⑪襜帷：车子的帷幔。⑫童子：王勃谦称。

时维九月，序属三秋①。潦水②尽而寒潭
shí wéi jiǔ yuè　xù shǔ sān qiū　lǎo shuǐ　jìn ér hán tán
眼下正值九月，已经是深秋了。雨后积水已退尽，寒潭之水清冽；

清，烟光凝而暮山紫。俨骖騑③于上路，访
qīng　yān guāng níng ér mù shān zǐ　yǎn cān fēi　yú shàng lù　fǎng
雾霭凝聚，晚山笼罩在苍茫的紫色中。我在大道旁收拾起车马，在崇山峻岭

风景于崇阿，临帝子④之长洲，得仙人之旧
fēng jǐng yú chóng ē　lín dì zǐ　zhī cháng zhōu　dé xiān rén zhī jiù
中遍访风景，来到滕王阁的长洲之上，瞻拜了他主持修建的这座阁楼。重叠

馆。层峦耸翠，上出重霄；飞阁流丹，下临无
guǎn　céng luán sǒng cuì　shàng chū chóng xiāo　fēi gé liú dān　xià lín wú
的山峦托起一片苍翠，高高的山峰向上直指云霄。凌空架起的高阁仿佛飞在

地。鹤汀凫渚，⑤穷岛屿之萦回；桂殿兰宫，
dì　hè tīng fú zhǔ　qióng dǎo yǔ zhī yíng huí　guì diàn lán gōng
天空，从高阁上看不见地面。鹤立水汀，野鸭栖息于小洲，极尽岛屿曲折回

列冈峦之体势。披绣闼⑥，俯雕甍⑦，山原旷
liè gāng luán zhī tǐ shì　pī xiù tà　fǔ diāo méng　shān yuán kuàng
环的景致；桂树与木兰建成的宫殿，高高低低地呈现出山峦起伏的态势。打

其盈视，川泽盱其骇瞩⑧。闾阎扑地⑨，钟鸣
开精美的阁门，俯瞰华丽的屋脊，辽阔的山原尽入眼帘，迂回的湖河让人瞠

鼎食之家；舸舰迷津，青雀黄龙之舳⑩。虹销
目。遍地是屋廊房舍，这是钟鸣鼎食的权贵人家；舟舸密布纵横，都是雕着

雨霁⑪，彩彻云衢⑫，落霞与孤鹜⑬齐飞，秋
青雀黄龙花纹的船。彩虹退尽，雨过天晴，夕阳将云朵映得缤纷绚烂，落霞

水共长天一色。渔舟唱晚，响穷彭蠡⑭之滨；
与孤飞的野鸭一齐翱翔，秋水与无边的天空浑然一色。渔舟唱晚而归，歌声

雁阵惊寒，声断衡阳之浦⑮。
响遍湖畔；雁阵因寒而叫，叫声消失在衡阳水边。

①三秋：秋季，这里指秋天的第三个月，即九月。②潦水：指雨
后积水。③骖䮲：驾车的马。④帝子：指滕王李元婴，滕王阁便
是由他所建。⑤汀：指水边或水中平地。凫：野鸭。渚：小洲。
⑥阁：门。⑦甍：屋脊。⑧骇瞩：对所看到的景物感到吃惊。
⑨闾阎：里巷的门，此指房屋。扑地：遍地。⑩舳：船只。⑪霁：
雨雪后转晴。⑫衢：原意是四通八达的道路。⑬鹜：野鸭。⑭彭
蠡：即鄱阳湖。⑮衡阳之浦：传说大雁向南飞到衡阳的回雁峰就
不再南行。

遥吟俯畅，逸兴遄①飞，爽籁②发而清
放声长吟，登高俯瞰，豪情逸致畅然奔涌。排箫发出清脆的声音，

fēng shēng xiān gē níng ér bái yún è   suī yuán lù zhú   qì líng péng
风生，纤歌凝而白云遏。睢园 ③ 绿竹，气凌彭
引来阵阵清风；轻柔舒缓的歌声仿佛凝住不散，白云也为它停留。像睢园竹

zé   zhī zūn   yè shuǐ zhū huá guāng zhào lín chuān   zhī bǐ   sì měi
泽 ④ 之樽；邺水朱华，光照临川 ⑤ 之笔。四美 ⑥
林的饮宴，狂饮的气概压过了陶渊明；像邺水曹植咏荷花那样的才气，文采

jù   èr nán bìng   qióng dì miǎn   yú zhōng tiān   jí yú yóu yú xiá
俱，二难并。穷睇眄 ⑦ 于中天，极娱游于暇
可以和谢灵运媲美。良辰、美景、赏心、乐事，四件美事同时齐备，贤主、

rì   tiān gāo dì jiǒng ⑧   jué yǔ zhòu zhī wú qióng   xìng jìn bēi lái
日。天高地迥 ⑧，觉宇宙之无穷。兴尽悲来，
嘉宾，两种难得的人欢聚一堂。放眼远望长空，在闲暇的日子里尽情欢乐。

shí yíng xū zhī yǒu shù   wàng cháng ān   yú rì xià   zhǐ wú kuài ⑩
识盈虚之有数。望长安 ⑨ 于日下，指吴会 ⑩
天高地远，使人感到宇宙无穷无尽；欢乐逝去，悲伤袭来，使人认识到事物

yú yún jiān   dì shì jí ér nán míng ⑪ shēn   tiān zhù gāo ér běi chén ⑫
于云间。地势极而南溟 ⑪ 深，天柱高而北辰 ⑫
的兴衰成败有所定数。远望长安于夕阳下，遥看吴越在云海间。地势偏远，

yuǎn   guān shān nán yuè   shuí bēi shī lù zhī rén   píng shuǐ xiāng féng   jìn
远。关山难越，谁悲失路之人？萍水相逢，尽
南海深邃；天柱高竿，直指北极星。关山难以越过，谁能怜惜失意之人？萍

shì tā xiāng zhī kè   huái dì hūn ⑬ ér bú jiàn   fèng xuān shì ⑭ yǐ hé
是他乡之客。怀帝阍 ⑬ 而不见，奉宣室 ⑭ 以何
水相逢，都是他乡来客。思念皇帝的宫阙却不被召见，像贾谊那样在宣室奉

nián
年？
召，将要等到何年？

①遄：快，迅速。②籁：排箫，一种由多根竹管编排而成的管乐器。

③睢园：汉梁孝王在睢水边修建的竹园，他常与宾客在园中宴饮。

④彭泽：指陶渊明，他曾任彭泽令。⑤临川：指南朝诗人谢灵运。

⑥四美：指良辰、美景、赏心、乐事。⑦睇眄：斜视。⑧迥：远。⑨长安：唐朝的国都。⑩吴会：吴地的古称。⑪南溟：南海。

⑫北辰：北极星，这里暗指国君。⑬帝阍：这里指皇宫的大门。

⑭宣室：帝王所居的正室。

wū hū　　shí yùn bú jì　　mìng tú duō chuǎn　　féng táng yì
呜乎！时运不齐，命途多舛①。冯唐易
唉！时运不济，命途多舛。冯唐容易衰老，李广终难封侯。贾谊被

lǎo　　lǐ guǎng nán fēng　　qū jiǎ yì　　yú cháng shā　　fēi wú shèng
老，李广难封②。屈贾谊③于长沙，非无圣
贬到长沙，并非没有圣明的君主；梁鸿到海边隐居，岂是没碰到政治清明的

zhǔ　　cuàn liáng hóng　　yú hǎi qū　　qǐ fá míng shí　　suǒ lài jūn zǐ
主；窜梁鸿④于海曲，岂乏明时？所赖君子
时代？只不过君子能安于贫贱，通达的人能知道自己的命运罢了。年纪虽老，

ān pín　　dá rén zhī mìng　　lǎo dāng yì zhuàng　　nìng yí bái shǒu zhī xīn
安贫，达人知命。老当益壮，宁移白首之心？
应更有壮志，怎能到老就改变心思？处境艰难，意志却更加坚定，绝不放弃

qióng qiě yì jiān　　bú zhuì qīng yún zhī zhì　　zhuó tān quán　　ér jué shuǎng
穷且益坚，不坠青云之志⑤。酌贪泉⑥而觉爽，
远大的理想。喝了贪泉的水，仍然觉得神清气爽；处在干涸的车辙中，还能

chǔ hé zhé yǐ yóu huān　　běi hǎi suī shē　　fú yáo kě jiē　　dōng yú
处涸辙以犹欢。北海虽赊⑦，扶摇可接；东隅⑧
保持乐观豁达的心态。北海虽远，乘着旋风仍可以到达；少年的时光虽然已

<ruby>已<rt>yǐ</rt></ruby> <ruby>逝<rt>shì</rt></ruby>，<ruby>桑<rt>sāng</rt></ruby><ruby>榆<rt>yú</rt></ruby>⑨ <ruby>非<rt>fēi</rt></ruby><ruby>晚<rt>wǎn</rt></ruby>。<ruby>孟<rt>mèng</rt></ruby><ruby>尝<rt>cháng</rt></ruby>⑩ <ruby>高<rt>gāo</rt></ruby><ruby>洁<rt>jié</rt></ruby>，<ruby>空<rt>kōng</rt></ruby><ruby>怀<rt>huái</rt></ruby><ruby>报<rt>bào</rt></ruby><ruby>国<rt>guó</rt></ruby><ruby>之<rt>zhī</rt></ruby>

经流逝，但珍惜将来的岁月还不算太晚。孟尝品行高洁，却空有一腔报国的

<ruby>心<rt>xīn</rt></ruby>；<ruby>阮<rt>ruǎn</rt></ruby><ruby>籍<rt>jí</rt></ruby>⑪ <ruby>猖<rt>chāng</rt></ruby><ruby>狂<rt>kuáng</rt></ruby>，<ruby>岂<rt>qǐ</rt></ruby><ruby>效<rt>xiào</rt></ruby><ruby>穷<rt>qióng</rt></ruby><ruby>途<rt>tú</rt></ruby><ruby>之<rt>zhī</rt></ruby><ruby>哭<rt>kū</rt></ruby>！

热情；阮籍狂放不羁，又怎能效法他在无路可走时便恸哭而返！

①舛：不幸。②冯唐易老，李广难封：汉冯唐身历三朝，至武帝时，举为贤良，但冯唐已九十多岁了，不能再做官了。汉名将李广抗击匈奴屡立战功，但始终没有被封侯。③贾谊：西汉著名的政治家、文学家。他因流言失去文帝的信任，离京去做了长沙王太傅。④梁鸿：东汉诗人。因作《五噫歌》讽世，而得罪了汉章帝，于是南逃至吴，给人当雇工。⑤青云之志：比喻远大崇高的志向。⑥贪泉：传说中广州有贪泉，人喝了会变贪婪。⑦赊：远。⑧东隅：早晨。⑨桑榆：指黄昏。⑩孟尝：东汉人，他曾任合浦太守，有政绩，却不被重用，后辞官归隐。⑪阮籍：魏晋时的贤士，他对司马氏专权不满，于是借酒装疯，远离仕途。

<ruby>勃<rt>bó</rt></ruby>，<ruby>三<rt>sān</rt></ruby><ruby>尺<rt>chǐ</rt></ruby><ruby>微<rt>wēi</rt></ruby><ruby>命<rt>mìng</rt></ruby>，<ruby>一<rt>yí</rt></ruby><ruby>介<rt>jiè</rt></ruby><ruby>书<rt>shū</rt></ruby><ruby>生<rt>shēng</rt></ruby>。<ruby>无<rt>wú</rt></ruby><ruby>路<rt>lù</rt></ruby><ruby>请<rt>qǐng</rt></ruby><ruby>缨<rt>yīng</rt></ruby>①，

我王勃，只是地位低下的小官，一介书生。已和终军的年龄相同，

<ruby>等<rt>děng</rt></ruby><ruby>终<rt>zhōng</rt></ruby><ruby>军<rt>jūn</rt></ruby><ruby>之<rt>zhī</rt></ruby><ruby>弱<rt>ruò</rt></ruby><ruby>冠<rt>guàn</rt></ruby>②；<ruby>有<rt>yǒu</rt></ruby><ruby>怀<rt>huái</rt></ruby><ruby>投<rt>tóu</rt></ruby><ruby>笔<rt>bǐ</rt></ruby>，<ruby>慕<rt>mù</rt></ruby><ruby>宗<rt>zōng</rt></ruby><ruby>悫<rt>què</rt></ruby>③ <ruby>之<rt>zhī</rt></ruby><ruby>长<rt>cháng</rt></ruby>

却没有门路请缨报国；有投笔从戎的志向，也仰慕宗悫乘风破浪的壮心。舍

<ruby>风<rt>fēng</rt></ruby>。<ruby>舍<rt>shě</rt></ruby><ruby>簪<rt>zān</rt></ruby><ruby>笏<rt>hù</rt></ruby><ruby>于<rt>yú</rt></ruby><ruby>百<rt>bǎi</rt></ruby><ruby>龄<rt>líng</rt></ruby>，④ <ruby>奉<rt>fèng</rt></ruby><ruby>晨<rt>chén</rt></ruby><ruby>昏<rt>hūn</rt></ruby>⑤ <ruby>于<rt>yú</rt></ruby><ruby>万<rt>wàn</rt></ruby><ruby>里<rt>lǐ</rt></ruby>。<ruby>非<rt>fēi</rt></ruby><ruby>谢<rt>xiè</rt></ruby>

弃一生的功名利禄，到万里之外去早晚侍奉双亲。不敢说是谢玄那样的人才，

jiā zhī bǎo shù ⑥ jiē mèng shì zhī fāng lín ⑦ tā rì qū tíng jǐ

家之宝树⑥，接孟氏之芳邻⑦。他日趋庭，叨

却也从小交往诸位名家。将要到父亲跟前，恭敬地聆听他的教诲；今天奉陪

péi lǐ duì ⑧ jīn chén pěng mèi ⑨ xǐ tuō lóng mén yáng yì ⑩ bù

陪鲤对；⑧今晨捧袂⑨，喜托龙门。杨意⑩不

各位，高兴得如鱼跃龙门。司马相如倘若未遇上杨得意，只好抚凌云之赋而

féng fǔ líng yún ér zì xī zhōng qī ⑪ jì yù zòu liú shuǐ yǐ hé

逢，抚凌云而自惜；钟期⑪既遇，奏流水以何

叹息；我今天遇上了钟子期那样的知音，奏一曲高山流水又有何羞愧？

cán

惭？

①请缨：指投军报国。②弱冠：二十岁。③宗悫：南朝宋的将军，他的叔父曾问他志向，他回答说"愿乘长风破万里浪"。④簪笏：古代官员用的冠簪、手板，这里指官职。百龄：百年。⑤奉晨昏：指早晚向父母请安。⑥谢家之宝树：东晋谢安曾称侄子谢玄为"谢家之宝树"。⑦孟氏之芳邻：为使孟子有个好的成长环境，传说孟母三次搬家。此处指赴宴的宾客。⑧叨：惭愧。鲤对：孔子曾在儿子孔鲤走过庭前的时候对他进行教育，后人于是称回答长辈的教诲为"鲤对"。⑨袂：衣袖。⑩杨意：即杨得意，任掌管天子猎犬的官，西汉辞赋家司马相如就是他推荐给汉武帝的。⑪钟期：即钟子期，伯牙的知音。

wū hū shèng dì bù cháng shèng yán nán zài lán tíng ① yǐ

呜呼！胜地不常，盛筵难再。兰亭①已

唉！名胜不能长存，盛宴难以再逢。兰亭的聚会已经成了过去，繁

矣，梓泽②丘墟。临别赠言，幸承恩于伟

华的金谷园也成了废墟。离别时写几句话作纪念，因为有幸蒙受恩惠而参加

饯；登高作赋，是所望于群公。敢竭鄙诚，恭

了这次宴会；登高作赋，只能期望在座的诸公了。冒昧地用尽鄙陋的诚心，

疏短引，③一言均赋，四韵俱成。滕王高阁临

恭敬地写下了这篇小序；我的四韵小诗已写成。滕王高阁耸立在江边，佩玉

江渚，佩玉鸣鸾罢歌舞。画栋朝飞南浦云，珠

声声，鸾铃鸣响，这里宴散人空。早晨，南浦的云霞飞上画栋；晚上，西山

帘暮卷西山雨。闲云潭影日悠悠，物换星移几

的风雨卷起了珠帘。闲走的浮云，潭中的倒影，都在阳光静静的照射下悠然

度秋。阁中帝子今何在？槛外长江空自流。

自在；斗转星移，世事变迁，其中又不知道过了多少时间。当年盖起这座高
阁的帝子今日又在哪里？只有这栏杆下的江水空自奔流。

①兰亭：东晋王羲之等文人的聚会之地。②梓泽：又名金谷园，
西晋石崇修建，极尽奢华。③疏：撰写。引：序言。

深入浅出读古文

　　这篇文章结构清晰，层次井然。此文原题为《秋日登洪府滕王阁饯别序》。作者先是叙述洪都雄伟的地势、游玩的时间、珍异的物产、杰出的人才以及尊贵的宾客，紧扣题目中的"洪府"二字；进而向读者描绘了一幅滕王阁秋景图，始终紧扣题目中"秋日""登滕王阁"六字；随后因景生情，由对宴会的描写转而引出人生的感慨，紧扣题目中的"饯"字；最后自叙遭际，表示当此临别之际，既遇知音，自当赋诗作文，以此留念，这是紧扣题中"别""序"二字。此文延续了南朝骈文的体式，文中不论写滕王阁的景色，还是抒发人生的感慨，都用了排偶手法，通篇回环往复，错落有致，既具文采，又添气势。

　　这篇文章先写滕王阁周边秀丽的景色，后面转而抒怀，表达了作者怀才不遇的悲凉情感和穷且益坚的积极进取精神。全文声色并陈，情景俱佳，历来为人所传诵。

知识加油站

滕王阁

　　滕王阁，位于江西省南昌市东湖区，地处赣江东岸，始建于唐朝永徽四年，因唐太宗李世民之弟——滕王李元婴始建而得名；因初唐诗人王勃诗句"落霞与孤鹜齐飞，秋水共长天一色"而流芳后世。滕王阁与黄鹤楼、岳阳楼并称为"江南三大名楼"。

春夜宴桃李园序

唐 李白

夫天地者，万物之逆旅①也。光阴者，

天地啊，是万物的客舍；光阴啊，是古今的过客。死生的差异，就

百代之过客也。而浮生若梦，为欢几何？古

像梦与醒的不同，变化无常，无法追问。欢乐的时光又能持续多久？古人拿

人秉烛夜游，良有以②也！况阳春召我以烟

着蜡烛在夜里游赏，确实是有原因的啊！况且，温暖的春天用美景召唤我们，

景，大块③假我以文章。会桃李之芳园，序

天地万物赐给了我们一派锦绣风光。我们在桃李芬芳的园中相会，一起畅叙

天伦之乐事。群季俊秀，皆为惠连④；吾人咏

兄弟间的乐事。诸位弟弟都是俊杰才智之士，个个比得上谢惠连，作诗吟咏，

歌，独惭康乐⑤。幽赏未已，高谈转清。开

唯独惭愧我的才情不如谢灵运。幽雅的赏玩还没结束，高谈阔论已转为清雅

qióng yán yǐ zuò huā　　fēi yǔ shāng⑥ ér zuì yuè　bù yǒu jiā zuò　hé
琼筵以坐花，飞羽觞⑥而醉月。不有佳作，何

絮语。坐在花丛中摆开筵席，觥筹交错，尽情欢乐，要和明月同醉在这良辰

shēn yǎ huái　　rú shī bù chéng　fá yī jīn gǔ jiǔ shù⑦
伸雅怀？如诗不成，罚依金谷酒数⑦。

美景当中。如此情形，没有好诗，怎能抒发高雅情怀？如果赋诗不成，就依
照金谷园宴饮的旧例罚酒三杯。

①逆旅：客舍。②良：确实。以：原因。③大块：指天地。④惠连：
南朝文学家谢惠连。⑤康乐：南朝文学家谢灵运，袭封康乐公。
⑥觞：古代酒器。⑦金谷酒数：西晋石崇在金谷园与宾客宴饮的
时候，要宾客当筵赋诗，不能成者，罚酒三杯。

深入浅出读古文

　　这篇文章是李白用骈体文写成的一篇脍炙人口的抒情小品文，生动地记述了李白和众兄弟在春夜聚于桃李芬芳的名园，饮酒赋诗，高谈阔论的情景。文章抒发了作者热爱生活、热爱自然，以及对兄弟们和睦友爱的喜悦之情，同时也寄托了对人生短促的感慨和及时行乐的思想。虽然文章流露出"浮生若梦，为欢几何"的感伤情绪，但整体基调还是积极向上的。

　　此文一句一转，一转一意，文气奔放自如，写得潇洒流畅，事情记叙生动自然。

知识加油站

铁杵磨成针

　　相传李白在山中读书的时候，很贪玩、不好学。一天，他趁人不注意，丢下书本，溜出去玩。他路过一条小溪，遇见一位老妇人在磨铁棒，于是问她为什么要磨铁棒。老妇人说："我想把它磨成针。"李白被她的精神感动，从此刻苦学习，最终成为一名家喻户晓的大诗人。

陋室铭
lòu shì míng

唐 刘禹锡

作者档案

刘禹锡(772年－842年)，字梦得，哲学家、诗人，有"诗豪"之称。曾任监察御史，政治上主张革新，是王叔文派政治革新活动的中心人物之一。诗文俱佳，涉猎题材广泛，与柳宗元并称"刘柳"，与韦应物、白居易合称"三杰"，与白居易合称"刘白"，留下《陋室铭》《竹枝词》《杨柳枝词》《乌衣巷》等名篇。有《刘梦得文集》《刘宾客集》传世。

山不在高，有仙则名①；水不在深，有龙
shān bú zài gāo yǒu xiān zé míng shuǐ bú zài shēn yǒu lóng
山不在高，有仙人居住就能出名；水不在深，有龙潜藏就有了灵气。

则灵②。斯③是陋室，唯吾德馨④。苔痕上阶
zé líng sī shì lòu shì wéi wú dé xīn tái hén shàng jiē
这是间简陋的屋子，好在我有美好的德行。绿色的苔藓长到了台阶上面，芳

绿，草色入帘青。谈笑有鸿儒⑤，往来无白丁⑥。

草映照在帘上，室内被映得碧青。在这里谈笑的是饱学多识的学者，往来的

可以调素琴⑦，阅金经⑧。无丝竹⑨之乱耳，

没有没学问的人。在这里可以弹奏朴素无华的古琴，阅读佛经；没有嘈杂的

无案牍⑩之劳形。南阳诸葛庐⑪，西蜀子云⑫

音乐扰乱两耳，没有官府公文烦心劳神。南阳诸葛亮的茅庐，西蜀扬子云的

亭。孔子云："何陋之有？"

草玄亭。孔子说："有什么简陋呢？"

①名：出名，著名。②灵：指显得有灵气。③斯：指示代词，此，这。④馨：散布很远的香气，这里指德行美好。⑤鸿儒：大儒，这里指博学的人。⑥白丁：平民。这里指没有什么学问的人。⑦素琴：不加装饰的琴。⑧金经：释义有争议，一说为佛经，一说为儒家经典。⑨丝竹：琴瑟、箫管等乐器的总称，"丝"指弦乐器，"竹"指管乐器。这里指奏乐的声音。⑩案牍：官府的公文，文书。⑪南阳：地名，今河南省南阳市。庐：简陋的小屋子。⑫子云：西汉辞赋家扬雄，字子云。

深入浅出读古文

这是一篇写景咏物的好文。短小精悍，语简而富有理趣。从"山不在高"到"无案牍之劳形"，写陋室的景色和周围环境；余下两句是作者的议论，其中末句中的"陋"字点题，也是主导一篇的旨意。

本文通篇不足一百字，却紧扣"陋室不陋"这一主旨。以山水、室外景物、室内人、室内事来说明"陋室不陋"，再以诸葛亮、扬子云的典故表达自己的隐逸之趣，而孔子的"何陋之有"，又把这一情趣推到更高的层次，那就是不慕荣利、安贫乐道、以德修身的人生理念。

知识加油站

何为"铭"

铭是一种刻在器物上用来警戒自己、称述功德的文字。后来成为一种文体，这种文体一般都是用韵的。铭刻在碑上，放在书案右边用以自警的铭文叫"座右铭"，如刘禹锡的《陋室铭》。刻在石碑上，叙述死者生平，加以颂扬追思的，叫"墓志铭"。

yú xī shī xù
愚溪诗序

唐 柳宗元

guàn shuǐ ① zhī yáng yǒu xī yān   dōng liú rù yú xiāo shuǐ ②   huò
灌水①之阳有溪焉，东流入于潇水②。或
灌水的北面有一条小溪，向东流入潇水。有人说："曾经有位姓冉

yuē   rǎn shì cháng jū yě   gù xìng shì xī wéi rǎn xī   huò
曰："冉氏尝居也，故姓是溪为冉溪。"或
的人在这儿住过，所以把这条溪称为冉溪。"又有人说："这溪水可以用来

yuē   kě yǐ rǎn yě   míng zhī yǐ qí néng   gù wèi zhī rǎn xī
曰："可以染也，名之以其能，故谓之染溪。"
染色，依据它的功用来命名，所以称它为染溪。"我因为愚昧而获罪，被贬

yú yǐ yú chù zuì   zhé xiāo shuǐ shàng   ài shì xī   rù èr sān lǐ
余以愚触罪，谪潇水上，爱是溪，入二三里，
谪到潇水边来，爱上了这条溪水，沿着溪水走了两三里，发现了一个风景极

dé qí yóu jué zhě jiā yān   gǔ yǒu yú gōng gǔ   jīn yú jiā shì xī
得其尤绝者家焉。古有愚公谷，今余家是溪，
佳的地方，就在这里安了家。古时候有个愚公谷，如今我在这条溪旁安家，

ér míng mò néng dìng   tǔ zhī jū zhě   yóu yín yín rán ③   bù kě yǐ
而名莫能定，土之居者，犹断断然③，不可以
而溪水的名字到现在还没有确定下来，当地居民还在为此争论不休。看来不

_{bù gēng yě} _{gù gēng zhī wéi yú xī}
不更也，故更之为愚溪。
能不给它改个名字了，因此称它为愚溪。

①灌水：湘江支流，在今广西东北部。②潇水：湘江支流。③龂
龂然：争辩的样子。

_{yú xī zhī shàng} _{mǎi xiǎo qiū} _{wéi yú qiū} _{zì yú qiū dōng}
愚溪之上，买小丘，为愚丘。自愚丘东
我在愚溪的上游买下一个小山丘，我把它叫作愚丘。从愚丘向东北

_{běi xíng liù shí bù} _{dé quán yān} _{yòu mǎi jū zhī} _{wéi yú quán} _{yú}
北行六十步，得泉焉，又买居之，为愚泉。愚
行走六十步，寻得了一处泉水，我又将它买了下来，把它叫作愚泉。愚泉总

_{quán fán liù xué} _{jiē chū shān xià píng dì} _{gài shàng chū yě} _{hé liú}
泉凡六穴，皆出山下平地，盖①上出也。合流
共有六个泉眼，都分布在山丘下面的平地，泉水从这里汩汩向上涌。几支泉

_{qū qū ér nán} _{wéi yú gōu} _{suì fù tǔ lěi shí} _{sè qí ài}
屈曲②而南，为愚沟。遂负土累石，塞其隘，
水汇合后便弯弯曲曲地往南流，形成了一条水沟，我叫它愚沟。于是挑来泥

_{wéi yú chí} _{yú chí zhī dōng wéi yú táng} _{qí nán wéi yú tíng} _{chí zhī}
为愚池。愚池之东为愚堂，其南为愚亭，池之
土，堆起石块儿，把溪流狭窄的地方堵塞起来，积成水池，叫它愚池。愚池

_{zhōng wéi yú dǎo} _{jiā mù yì shí cuò zhì} _{jiē shān shuǐ zhī qí zhě}
中为愚岛。嘉木异石错置，皆山水之奇者，
的东边是愚堂，南面有愚亭，水池中央是愚岛。秀美的树木和奇异的石头重

_{yǐ yú gù} _{xián} _{yǐ yú rǔ yān}
以余故③，咸④以愚辱焉。
叠错落，这些都是不可多得的胜景，却因我的缘故，被愚字所玷辱了。

① 盖：原来。② 屈曲：弯弯曲曲。③ 故：缘故。④ 咸：都。

fú shuǐ　zhì zhě yào yě　jīn shì xī dú jiàn rǔ yú yú
夫水，智者乐也。今是溪独见辱于愚，
水，是智慧的人所喜爱的。现在这条溪水却独独被愚字所辱没，这

hé zāi　gài qí liú shèn xià　bù kě yǐ guàn gài　yòu jùn jí duō chí ①
何哉？盖其流甚下，不可以灌溉，又峻急多坻①
是为什么呢？原来是它的水位很低，不能用来灌溉；水流又湍急，多有浅滩

shí　dà zhōu bù kě rù yě　yōu suì ② qiǎn xiá　jiāo lóng ③ bú
石，大舟不可入也。幽邃②浅狭，蛟龙③不
和石头，大船开不进来。水浅而溪狭，蛟龙不屑在这里居住，不能兴云作雨

xiè　bù néng xīng yún yǔ　wú yǐ lì shì　ér shì lèi yú yú　rán
屑，不能兴云雨。无以利世，而适类于余，然
这溪水对世人毫无益处，却恰好和我相似，所以虽然用愚字玷辱了它，也是

zé suī rǔ ér yú zhī　kě yě
则虽辱而愚之，可也。
可以的。

① 坻：水中小洲。② 幽邃：深远。③ 蛟龙：古代神话中的神兽。

nìng wǔ zǐ ①　bāng wú dào zé yú　zhì ér wéi yú zhě
宁武子①"邦无道则愚"，智而为愚者
宁武子"在国家政治昏乱的时候就像个愚笨的人"，那是聪明人装

yě　yán zǐ ②　zhōng rì bù wéi rú yú　ruì ér wéi yú zhě
也；颜子②"终日不违如愚"，睿而为愚者
作愚人；颜回"整天不提不同的见解，好像很愚蠢"，那是通达的人看似愚

也。皆不得为真愚。今余遭有道而违于理，悖

钝。他们都不是真的愚蠢。我如今遇上清明的时代，立身行事却有违事理，

于事，故凡为愚者，莫我若也。夫然，则天下

所以愚人中再没有像我这样愚蠢的了。正因为如此，所以天下的人谁也不能

莫能争是溪，余得专而名焉。

和我争这条溪水，我是可以专断地给它命名的。

① 宁武子：春秋时卫国大夫。《论语·公冶长》："……宁武子，
邦有道则知，邦无道则愚……"这就是说，国君有道，政治清明，
那么自己的智力就足够治理朝政；如果国君无道，那自己就显得
很愚笨。② 颜子：即颜回，孔子的得意门生。

溪虽莫利于世，而善鉴万类，清莹秀澈，

愚溪虽然对世人没什么用处，但它善于映照万物，又清莹透澈，能

锵鸣金石 ①，能使愚者喜笑眷慕，乐而不能去

发出金石般悦耳的声响。它能使愚人心情愉快，笑口常开；让他们爱慕它、

也。余虽不合于俗，亦颇以文墨自慰，漱涤万

眷恋它以至不能离去。我虽然不与世俗合流，平素也还能书写文章来安慰自

物，牢笼百态，而无所避之。以愚辞歌愚溪，

己；刻画各种事物，捕捉它们的千姿百态而不用回避些什么。我用愚笨的文

40

zé máng rán ér bù wéi　hūn rán ér tóng guī　chāo hóng méng②　hùn xī

则茫然而不违，昏然而同归，超鸿蒙②，混希

辞来歌颂愚溪，就会感到茫然自失而不觉有违事理，昏昏然之间又好像与它

yí③　　　　　jì liáo ér mò wǒ zhī yě　　　yú shì zuò　bā yú shī

夷③，寂寥而莫我知也。于是作《八愚诗》，

同归一处，超越了鸿蒙，融入一片寂静当中，寂寥中没有谁能了解我。于是

jì yú xī shí shàng

记于溪石上。

我写了《八愚诗》，记在溪边的石头上。

①锵鸣金石：指水能发出金石般的响声。②鸿蒙：指宇宙形成前
的混沌状态。③希夷：形容一种无声无色、虚寂微妙的境界。

深入浅出读古文

柳宗元因为支持王叔文的政治革新,被贬为永州司马。在永州,柳宗元写了不少山水诗和游记,其中《八愚诗》的诗序写得较为新奇。在这篇诗序中,作者既描写了当地的山水景色,又阐明将溪水更名为"愚"的原因,表现出他对奇山异水的喜爱,也透露出自己被贬而不能有所作为的愤懑之情。

"愚"字是全篇的文眼,文章的内容围绕此字展开。前半部分写"八愚",即愚溪名字的由来以及愚溪周围的环境,引出其余"七愚"。"嘉木异石错置,皆山水之奇者,以予故,咸以愚辱焉",这句话点明山水因为"奇"所以"愚",可见此"愚"并非愚蠢的意思,后面一段所说的"无以利世",才是"愚"字的真正含义,这也是作者自身的真实写照。"无以利世"不但解释了"愚"的含意,还引出了后半部分,也就是作者对人事的感慨,即自己"莫利于世"。

知识加油站

柳宗元释放奴婢

柳州有种残酷的风俗,即用自己的子女抵押换钱,约定时间赎出。如果在约定时间没有钱赎,就会成为别人的终身奴婢。对此,柳宗元发布政令,"革其乡法"。规定已经沦为奴婢的人,在为债主服役期间,可将劳动时间折算成工钱。工钱抵完债后可立即恢复人身自由,回家与亲人团聚。不到一年便解救了数以千计的奴婢。

小石城山记
xiǎo shí chéng shān jì

唐 柳宗元

自西山道口径北，逾黄茅岭而下，有二
zì xī shān dào kǒu jìng běi，yú huáng máo lǐng ér xià，yǒu èr
从西山路口一直往北，越过黄茅岭向下走，有两条路：一条向西，

道。其一西出，寻之无所得；其一少北而东，
dào。qí yī xī chū，xún zhī wú suǒ dé；qí yī shāo běi ér dōng，
沿着这条路寻去，一无所获；另一条路稍微偏北又向东伸展，往前不过四十

不过四十丈，土断而川分，有积石横当其垠①。
bú guò sì shí zhàng，tǔ duàn ér chuān fēn，yǒu jī shí héng dāng qí yín
丈，路被一条河流分开，有一个由积石构成的小山冈横立在路尽头。山上有

其上为睥睨梁欐②之形，其旁出堡坞，有若
qí shàng wéi pì nì liáng lì zhī xíng，qí páng chū bǎo wù，yǒu ruò
石块垒积，好像城墙和房屋的栋梁。旁边耸出一座天然的石堡，石堡上还有

门焉。窥之正黑，投以小石，洞然有水声，
mén yān。kuī zhī zhèng hēi，tóu yǐ xiǎo shí，dòng rán yǒu shuǐ shēng，
一道像门的洞。向里面望，黑漆漆的，扔一块小石头进去，听到扑通一声水

其响之激越，良久乃已。环之可上，望甚远。
qí xiǎng zhī jī yuè，liáng jiǔ nǎi yǐ。huán zhī kě shàng，wàng shèn yuǎn。
响；那回声激扬清越，隔了许久才消失。绕着小山环行而上便可到达它的顶

43

wú tǔ rǎng ér shēng jiā shù měi jiàn ③　　 yì qí ér jiān　　 qí shū cù yǎn
无土壤而生嘉树美箭③，益奇而坚。其疏数偃
部，在那里能望见很远的地方。这里虽然没有土壤，却生长着嘉树美竹，显

yǎng　　 lèi ④ zhì zhě suǒ shī shè yě
仰，类④智者所施设也。
得格外奇异坚挺。竹木的疏密高低恰到好处，好像是聪明人精心设计的。

①垠：边界。②睥睨：城上的矮墙。梁欐：栋梁。③箭：小竹子。
④类：好像。

yī　　 wú yí zào wù zhě zhī yǒu wú jiǔ yǐ　　 jí shì　　 yù
噫！吾疑造物者之有无久矣。及是，愈
啊！我怀疑造物主的有无已经很久了。到了这里，越发地相信真的

yǐ wéi chéng yǒu　　 yòu guài qí bù wéi zhī yú zhōng zhōu ①　　 ér liè shì
以为诚有。又怪其不为之于中州①，而列是
是有的。但又奇怪它为什么不把这些景物造在中原，却安放在这蛮荒之地。

yí dí ②　　 gēng qiān bǎi nián bù dé yī shòu qí jì ③　　 shì gù láo ér
夷狄②。更千百年不得一售其伎③，是固劳而
这样恐怕千百年也没法向人们一展其美好姿态和技艺，这实是劳而无功啊。

wú yòng　　 shén zhě tǎng bù yí rú shì　　 zé qí guǒ wú hū　　 huò yuē
无用。神者倘不宜如是，则其果无乎？或曰：
造化神明似乎不应该这样，那么它果真是不存在的吗？有人说："把景致安

yǐ wèi fú xián ér rǔ yú cǐ zhě　　 huò yuē　　 qí qì zhī
"以慰夫贤而辱于此者。"或曰："其气之
放在这里是用来安慰那些被贬官到此地的贤人的。"又有人说："天地间的

líng　　 bù wéi wěi rén　　 ér dú wéi shì wù　　 gù chǔ zhī nán　　 shǎo rén
灵，不为伟人，而独为是物，故楚之南，少人
灵秀之气不造就伟人，却独独钟情于物类。所以楚地南部少伟人而多奇石。

ér duō shí　　shì èr zhě　　yú wèi xìn zhī
而多石。”是二者，余未信之。
对于这两种说法，我都不相信。

① 中州：黄河中下游一带。② 夷狄：古代称东方部族为夷，称北方部族为狄。③ 伎：通"技"。

深入浅出读古文

本文是《永州八记》中的第八篇，在文中，作者描绘了小石城的地形、景色，感叹这样的美好景致却被造物主安置在偏僻的蛮荒之地。文章借景抒情，含蓄地表现了自己怀才不遇的苦闷。

柳宗元笔下的景色细致、恬静，这跟他自然平淡的文字有关，如"窥之正黑"以下五句描写投石闻水声的场景，给读者带来了视觉、听觉和触觉上的冲击，使一幅静谧柔和的画卷立时展现在读者面前。柳宗元的造景之语可谓绝妙。

知识加油站

《永州八记》

《永州八记》是唐代文学家柳宗元被贬为永州司马时，借写山水游记书写自己胸中愤郁的散文。《永州八记》具体包含：《始得西山宴游记》《钴鉧潭记》《钴鉧潭西小丘记》《至小丘西小石潭记》《袁家渴记》《石渠记》《石涧记》《小石城山记》。

黄 冈 竹 楼 记
huáng gāng zhú lóu jì

宋 王禹偁

作者档案

王禹偁（954年－1001年），字元之，济州钜野（今山东巨野）人。北宋诗人、散文家。北宋太平兴国八年进士，历任右拾遗、左司谏、知制诰、翰林学士。敢于直言讽谏，因此屡遭贬谪。王禹偁为北宋诗文革新运动的先驱，文学韩愈、柳宗元，诗崇杜甫、白居易，多反映社会现实，风格清新平易。著有《小畜集》30卷、《五代史阙文》。

黄冈①之地多竹，大者如椽，竹工破
huáng gāng　　zhī dì duō zhú　dà zhě rú chuán　zhú gōng pò
黄冈地区盛产竹子。大的竹子像椽子那样粗。竹工破开它，削去竹节，

之，刳②去其节，用代陶瓦，比屋③皆然，以
zhī　kū qù qí jié　yòng dài táo wǎ　bǐ wū　jiē rán　yǐ
用来代替陶瓦。家家户户都这样，因为它便宜而且省工。

qí jià lián ér gōngshěng yě
其价廉而工省也。

①黄冈：地名，在今湖北黄冈。②刳：剖，挖空。③比屋：家家
户户。

zǐ chéng xī běi yú   zhì dié   pǐ huǐ   zhēn mǎng huāng
子城西北隅，雉堞①圮毁，蓁莽②荒
月城西北角的城垛子都塌毁了，野草丛生，荒芜污秽。我把那个空

huì   yīn zuò xiǎo lóu èr jiān   yǔ yuè bō lóu tōng   yuǎn tūn shānguāng
秽。因作小楼二间，与月波楼通。远吞山光，
地清理出来，盖了两间小竹楼，与月波楼连通。登上竹楼，远山的风光尽收

píng yì jiāng lài   yōu qù liáo xiòng   bù kě jù zhuàng   xià yí jí
平挹江濑③，幽阒辽夐④，不可具状。夏宜急
眼底，平望出去，能看到江中的浅水流沙。那幽静寂寥、高远空阔的景致，

yǔ   yǒu pù bù shēng   dōng yí mì xuě   yǒu suì yù shēng   yí gǔ
雨，有瀑布声；冬宜密雪，有碎玉声；宜鼓
实在无法一一描绘出来。夏天适宜听急雨，雨声有如瀑布飞流直下；冬天适

qín   qín diào hé chàng   yí yǒng shī   shī yùn qīng jué   yí wéi qí
琴，琴调和畅；宜咏诗，诗韵清绝；宜围棋，
宜听大雪，雪花坠落发出玉碎般的声音。这里适宜抚琴，琴声和畅悠扬；这

zǐ shēng zhēng zhēng rán   yí tóu hú   shǐ shēng zhēng zhēng rán   jiē
子声丁丁然；宜投壶⑤，矢声铮铮然。皆
里适宜吟诗，诗韵清新绝俗；这里适宜下棋，棋子落盘有丁丁清响；这里适

zhú lóu zhī suǒ zhù yě
竹楼之所助也。
宜投壶，箭入壶中铮铮动听。这些美妙的声音，都因有竹楼才能听到。

① 雉堞：女城城墙上面呈齿状的矮墙。② 蓁莽：繁茂的野草。
③ 挹：汲取，舀。这里是看的意思。江濑：流过沙石的浅水。④ 阒：
寂静。夐：远。⑤ 投壶：古时的一种游戏，把箭投入壶中，按投
中的多少分胜负。

gōng tuì zhī xiá　　　pī hè chǎng yī　　　dài huá yáng jīn　　　shǒu
公退之暇，被鹤氅衣 ①，戴华阳巾 ②，手
公事办完后的闲暇时间里，披着鹤氅衣，戴着华阳巾，手持一卷《周

zhí　　zhōu yì　　yí juàn　　fén xiāng mò zuò　　xiāo qiǎn shì lǜ　　jiāng shān
执《周易》一卷，焚香默坐，消遣世虑。江山
易》，焚香默坐，驱散尘世中的种种杂念。除了水色山光之外，只见到风帆

zhī wài　　dì jiàn fēng fān shā niǎo　　yān yún zhú shù ér yǐ　　dài qí jiǔ
之外，第见风帆沙鸟，烟云竹树而已。待其酒
沙鸟、烟云竹树罢了。等到酒醒，煮茶的烟火熄灭，送走夕阳，迎来皓月，

lì xǐng　　chá yān xiē　　sòng xì yáng　　yíng sù yuè　　　yì zhé jū zhī
力醒，茶烟歇，送夕阳，迎素月 ③，亦谪居之
这正是谪居生活的快乐之处啊。

shèng gài yě
胜概也。

① 鹤氅衣：指道士服。② 华阳巾：道士戴的一种帽子。③ 素月：
明月。

彼齐云、落星，高则高矣；井幹、丽谯，①
bǐ qí yún luò xīng gāo zé gāo yǐ jǐng gàn lì qiáo

那齐云楼、落星楼，高是算高的了；井幹楼、丽谯楼，华丽也算是

华则华矣。止于贮妓女，藏歌舞，非骚人②之
huá zé huá yǐ zhǐ yú zhù jì nǚ cáng gē wǔ fēi sāo rén zhī

非常华丽了。可惜它们只是用来蓄养妓女、安顿能歌善舞的人，那就不是风

事，吾所不取。
shì wú suǒ bù qǔ

雅之士的所作所为了，我是不屑去做的。

①齐云、落星、井幹、丽谯：此四者都是有名的华丽楼阁。②骚人：
诗人。

吾闻竹工云，竹之为瓦，仅十稔①。若
wú wén zhú gōng yún zhú zhī wéi wǎ jǐn shí rěn ruò

我听竹工说，竹子做屋瓦，只能用十年。如果覆盖两层竹瓦，可以

重覆之，得二十稔。噫！吾以至道乙未岁，自
chóng fù zhī dé èr shí rěn yī wú yǐ zhì dào yǐ wèi suì zì

用二十年。唉！我在至道乙未那年，由翰林学士被贬到滁州，丙申年又调到

翰林出滁上，丙申移广陵②，丁酉又入西
hàn lín chū chú shàng bǐng shēn yí guǎng líng dīng yǒu yòu rù xī

广陵，丁酉年又到中书省任职，戊戌年的除夕，奉命调到齐安，己亥年闰三

掖③，戊戌岁除日，有齐安④之命，己亥闰三
yè wù xū suì chú rì yǒu qí ān zhī mìng jǐ hài rùn sān

月才到了齐安郡。四年之中，奔走不停，还不知道明年又在何处，难道还会

月到郡。四年之间，奔走不暇，未知明年又在
yuè dào jùn sì nián zhī jiān bēn zǒu bù xiá wèi zhī míng nián yòu zài

怕竹楼容易朽坏吗？希望再住这个竹楼的人跟我志趣相同，能继我之后接着

hé chù　　　　qǐ jù zhú lóu zhī yì xiǔ hū　　　hòu zhī rén yǔ wǒ tóng zhì,
何处，岂惧竹楼之易朽乎？后之人与我同志，

修整它。或许这座竹楼就永远不会朽坏了吧！

sì ér qì zhī⑤　　shù sī lóu zhī bù xiǔ yě
嗣而葺之⑤，庶斯楼之不朽也。

①稔：庄稼成熟。庄稼一年一熟，故古人称一年为一稔。②广陵：
今江苏扬州。③西掖：指中书省。④齐安：黄州，宋朝为黄州
齐安郡，治所在今湖北黄冈。⑤嗣：接续。葺：修缮。

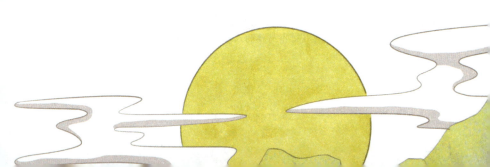

深入浅出读古文

宋真宗咸平元年（998年），王禹偁被贬为黄州刺史。他在黄州修建了两座竹楼，楼成后写作此文。文章主要记了竹楼的景致和自己登楼玩赏时的种种乐趣，表现了自己在谪居中寓情山水、豁达自适、随遇而安的生活态度。

本篇重在写景、叙事，并于其中表达作者的生活情趣。王禹偁所写的竹楼及周围景色，有清远拔俗的意境，忽而高远，忽而清幽，变幻起伏之间，囊括全景。此外，作者在景致描写的基础上，微微掺杂自己的感受，"夏宜急雨"一句将竹楼之景投映到周围环境中所得的感念。只不过这一感念由视觉转为听觉，使得竹楼既有景色美，又有音韵美，这是通感的写法。

本文还有一个特点，那就是多用四言句。四言句是一种短句结构，对于表现清明超脱的情调帮助很大。这种形式又跟本篇里所写的清幽景色、闲适生活相搭配，二者相互映衬，从而烘托出了本文的意境之美。

知识加油站

鹤氅

鹤氅是传统服饰中的一种。仙鹤是道教常用的图案，世称成仙为"羽化登天"。在戏曲舞台上，凡穿鹤氅的人物多为仙人、道士，手中必拿羽毛扇。

岳阳楼记
yuè yáng lóu jì

宋 范仲淹

作者档案

范仲淹（989年－1052年），字希文，北宋思想家、政治家、文学家，谥号文正，世称范文正公。庆历三年，参与庆历新政，提出了十项改革主张。庆历五年，新政受挫，被贬出京。皇祐四年，改知颖州，在扶疾上任的途中溘然长逝。文学成就突出，"先天下之忧而忧，后天下之乐而乐"的思想，对后世影响深远。有《范文正公文集》传世。

庆历①四年春，滕子京②谪守巴陵郡。
qìng lì sì nián chūn téng zǐ jīng zhé shǒu bā líng jùn

庆历四年的春天，滕子京被贬为巴陵郡太守。到了第二年，政事顺畅，

越明年，政通人和，百废具兴。乃重修岳阳
yuè míng nián zhèng tōng rén hé bǎi fèi jù xīng nǎi chóng xiū yuè yáng

人民和睦，各种荒废了的事业都兴办起来了。于是重新修建岳阳楼，扩展它

楼，增其旧制，刻唐贤、今人诗赋于其上，属③
lóu　　zēng qí jiù zhì　　kè táng xián　　jīn rén shī fù yú qí shàng　　zhǔ
原来的规模，把唐代贤士和今人的诗赋刻在上面，并嘱咐我写一篇文章来记

予作文以记之。
yú zuò wén yǐ jì zhī
述这件事。

①庆历：宋仁宗的年号（1041年—1048年）。②滕子京：名宗谅，
字子京，与范仲淹同年中进士。③属：通"嘱"，嘱咐。

予观夫巴陵①胜状，在洞庭一湖。衔远
yú guān fú bā líng　　shèng zhuàng　　zài dòng tíng yì hú　　xián yuǎn
我看巴陵郡的美景，全在这洞庭湖上。它连接远山，吞吐长江，浩

山，吞长江，浩浩汤汤②，横无际涯；朝晖
shān　　tūn cháng jiāng　　hào hào shāng shāng　　héng wú jì yá　　zhāo huī
浩荡荡，无边无际；早晨的霞光，傍晚的夕照，一天内变化万千。这些就是

夕阴，气象万千。此则岳阳楼之大观也，前人
xī yīn　　qì xiàng wàn qiān　　cǐ zé yuè yáng lóu zhī dà guān yě　　qián rén
岳阳楼的壮丽景象，前人已经描述得很详尽了。它北面通向巫峡，南面直达

之述备③矣。然则北通巫峡，南极潇湘，迁客④
zhī shù bèi　　yǐ　　rán zé běi tōng wū xiá　　nán jí xiāo xiāng　　qiān kè
潇水和湘水，被降职外调的官员和不得志的诗人常常在这里聚会，他们观赏

骚人，多会于此，览物之情，得无异乎？
sāo rén　　duō huì yú cǐ　　lǎn wù zhī qíng　　dé wú yì hū
这里景物时的心情，难道会没有差别吗？

①巴陵：岳阳古称"巴陵"，又名"岳州"。②汤汤：水流大而急。
③备：详尽。④迁客：遭贬迁的官员。

ruò fú yín yǔ fēi fēi
若夫霪雨霏霏①，连月不开，阴风怒号，

在那细雨连绵不断，一连数月不晴的时候，阴冷之风怒吼，混浊的

zhuó làng pái kōng　rì xīng yǐn yào　shān yuè qián xíng　shāng lǚ bù xíng
浊浪排空，日星隐曜，山岳潜形，商旅不行，

浪腾到空中；日月星辰失去了光辉，山岳也隐藏在阴霾之中；来往的客商无

qiáng qīng jí cuī　bó mù míng míng　hǔ xiào yuán tí　dēng sī lóu
樯倾楫摧②，薄暮冥冥③，虎啸猿啼。登斯楼

法通行，桅杆倾倒，船桨折断；到了傍晚，暮霭沉沉，天色昏暗，老虎长啸，

yě　　zé yǒu qù guó　huái xiāng　yōu chán wèi jī　mǎn mù xiāo rán
也，则有去国④怀乡，忧谗畏讥，满目萧然⑤，

猿猴悲啼。这时登上这座楼，就会产生离开国都、怀念家乡、担心遭到诽谤

gǎn jí ér bēi zhě yǐ
感极而悲者矣。

和讥议的心情，满目萧条，心中感慨万分而悲伤无限。

①霪雨霏霏：连绵的细雨。②樯：桅杆。楫：船桨。③冥冥：昏暗的样子。④国：指国都。⑤萧然：凄凉冷落的样子。

zhì ruò chūn hé jǐng　míng　bō lán bù jīng　shàng xià tiān guāng
至若春和景①明，波澜不惊，上下天光，

待到春风和煦，阳光明媚的日子，湖面平静，水天一色，碧绿的湖

yí bì wàn qǐng　shā ōu xiáng jí　jǐn lín　yóu yǒng　àn zhǐ tīng lán
一碧万顷，沙鸥翔集，锦鳞②游泳，岸芷汀兰③

水一望无际；沙鸥时而展翅高飞，时而落下聚集；美丽的鱼儿游来游去，岸

yù yù　qīng qīng　ér huò cháng yān yì kōng　hào yuè qiān lǐ　fú
郁郁④青青。而或长烟一空，皓月千里，浮

上和小洲上的花草，香气浓郁，花叶茂盛。有时天空中云雾完全消散，皎洁

guāng yào jīn　jìng yǐng chén bì　yú gē hù dá　cǐ lè hé jí
光耀金，静影沉璧；渔歌互答，此乐何极！

的月光一泻千里，湖面上金光闪烁，静静的月影犹如玉璧沉落在水中；渔人

dēng sī lóu yě　zé yǒu xīn kuàng shén yí　chǒng rǔ jiē wàng　bǎ jiǔ
登斯楼也，则有心旷神怡，宠辱皆忘，把酒

互相唱和应答，这样的快乐真是无穷无尽啊！这时登上岳阳楼，顿时觉得心

lín fēng　qí xǐ yáng yáng zhě yǐ
临风，其喜洋洋者矣。

旷神怡，忘记了所有荣辱得失，端起酒杯临风畅饮，真是无限欢乐。

①景：日光。②锦鳞：指美丽的鱼。③芷：香草名。汀：水边平
滩。④郁郁：形容草木茂盛。

jiē fú　　yú cháng qiú gǔ rén rén zhī xīn　huò yì èr zhě zhī
嗟夫①，予尝求古仁人之心，或异二者之

唉！我曾经探究过古代仁德之士的思想感情，或许他们和上面说的

wéi　hé zāi　bù yǐ wù xǐ　bù yǐ jǐ bēi　jū miào táng　zhī
为，何哉？不以物喜，不以己悲。居庙堂②之

那两种情况有所不同，这是什么缘故呢？是因为他们不因为外物的美好而高

gāo　zé yōu qí mín　chǔ jiāng hú zhī yuǎn　zé yōu qí jūn　shì
高，则忧其民；处江湖之远③，则忧其君。是

兴，不因为个人的失意而悲伤；在朝廷为官时就为百姓忧虑；远离朝廷时就

jìn yì yōu　tuì yì yōu　rán zé hé shí ér lè yé　qí bì yuē
进亦忧，退亦忧。然则何时而乐耶？其必曰

替君主忧虑。这样看来，是在朝为官也忧虑，不在朝为官也忧虑。然而他们

xiān tiān xià zhī yōu ér yōu　hòu tiān xià zhī lè ér lè　yú
"先天下之忧而忧，后天下之乐而乐"欤！

什么时候才会快乐呢？他们一定会说"忧在天下人之前，乐在天下人之后"

<ruby>噫<rt>yī</rt></ruby>！<ruby>微<rt>wēi</rt></ruby>④<ruby>斯<rt>sī</rt></ruby><ruby>人<rt>rén</rt></ruby>，<ruby>吾谁与归<rt>wú shuí yǔ guī</rt></ruby>！
吧！唉！除了这样的人，我还能与谁同道呢！

①嗟夫：唉。嗟、夫为两个词，皆为语气词。②庙堂：指朝廷。
③处江湖之远：指不在朝廷做官。④微：非。

深入浅出读古文

　　范仲淹是北宋名臣，在庆历朝做过参知政事，还主持了新政。"庆历新政"最终失败，范仲淹被贬为邓州知州。范仲淹在邓州期间，被贬到岳州巴陵郡的滕子京重修了岳阳楼并写信嘱托他为岳阳楼记，以表纪念。本文通过写岳阳楼阴雨和晴朗时的景色，带给人的不同感受，揭示了"不以物喜，不以己悲"的古仁人之心，也表达了自己"先天下之忧而忧，后天下之乐而乐"的爱国爱民情怀。

　　全篇内容充实，情感丰富。作者将叙事、写景、议论、抒情自然结合起来，既有对事情本末的交代，又有对湖光水色的描写；既有精警深刻的议论，又有惆怅悲沉的抒情。记楼、记事，更寄托自己的心志。作者善于以简驭繁，巧妙地转换内容和写法。如以"前人之述备矣"一语带过无数叙述，以"然则"一语引出"览物之情"，以"或异二者之为"展开议论话题，千回百转，层层推进，叙事言情都入化境。

　　"予尝求古仁人之心"一段，突然由登岳阳楼转到处世态度上，看似突兀，实则是承接上文的悲喜，"不以物喜，不以己悲"正是他的态度。"先天下之忧而忧，后天下之乐而乐"一句，则点出了全文主旨。

名句积累

"先天下之忧而忧，后天下之乐而乐。"

在天下人忧愁之前先忧愁，在天下人快乐之后才快乐。其意思就是为官者应把国家、民族的利益摆在首位，为祖国的前途、命运分愁担忧，为天底下人民的幸福出力，这也表现出作者远大的政治抱负和伟大的胸襟胆魄。

<ruby>相<rt>xiàng</rt></ruby> <ruby>州<rt>zhōu</rt></ruby> <ruby>昼<rt>zhòu</rt></ruby> <ruby>锦<rt>jǐn</rt></ruby> <ruby>堂<rt>táng</rt></ruby> <ruby>记<rt>jì</rt></ruby>

宋 欧阳修

作者档案

欧阳修（1007年－1072年），字永叔，号醉翁、六一居士，吉州永丰（今江西永丰）人，北宋文学家、史学家，且在政治上负有盛名。谥号文忠，世称欧阳文忠公。与韩愈、柳宗元、苏轼、苏洵、苏辙、王安石、曾巩并称"唐宋八大家"。他领导了北宋诗文革新运动，继承并发展了韩愈的古文理论。在史学方面，也有较高成就。有《欧阳文忠集》传世。

<ruby>仕<rt>shì</rt></ruby><ruby>宦<rt>huàn</rt></ruby><ruby>而<rt>ér</rt></ruby><ruby>至<rt>zhì</rt></ruby><ruby>将<rt>jiàng</rt></ruby><ruby>相<rt>xiàng</rt></ruby>，<ruby>富<rt>fù</rt></ruby><ruby>贵<rt>guì</rt></ruby><ruby>而<rt>ér</rt></ruby><ruby>归<rt>guī</rt></ruby><ruby>故<rt>gù</rt></ruby><ruby>乡<rt>xiāng</rt></ruby>，<ruby>此<rt>cǐ</rt></ruby><ruby>人<rt>rén</rt></ruby><ruby>情<rt>qíng</rt></ruby>

做官做到出将入相，富贵显达之后返回故乡，这是人们普遍觉得荣

<ruby>之<rt>zhī</rt></ruby><ruby>所<rt>suǒ</rt></ruby><ruby>荣<rt>róng</rt></ruby>，<ruby>而<rt>ér</rt></ruby><ruby>今<rt>jīn</rt></ruby><ruby>昔<rt>xī</rt></ruby><ruby>之<rt>zhī</rt></ruby><ruby>所<rt>suǒ</rt></ruby><ruby>同<rt>tóng</rt></ruby><ruby>也<rt>yě</rt></ruby>。<ruby>盖<rt>gài</rt></ruby><ruby>士<rt>shì</rt></ruby><ruby>方<rt>fāng</rt></ruby><ruby>穷<rt>qióng</rt></ruby><ruby>时<rt>shí</rt></ruby>，<ruby>困<rt>kùn</rt></ruby>

耀的事情，从古到今都是如此。大概士人在仕途不顺畅的时候，困居乡里，

è lù lǐ yōng rén rú zǐ jiē dé yì ér wǔ zhī ruò jì zǐ
厄闉①里，庸人孺子皆得易而侮之。若季子②
那些庸人甚至小孩，都能随意地欺侮他。就像苏秦不被他的嫂嫂尊敬，朱

bù lǐ yú qí sǎo mǎi chén jiàn qì yú qí qī yí dàn gāo chē sì
不礼于其嫂，买臣③见弃于其妻。一旦高车驷
买臣被他的妻子抛弃了一样。可是一旦坐上了四匹马拉的高大车子，旌旗

mǎ qí máo dǎo qián ér qí zú yōng hòu jiā dào zhī rén xiāng yǔ pián
马，旗旄导前，而骑卒拥后，夹道之人相与骈
在前面飘动指引，骑着马和徒步行走的随从在后面簇拥着，道路两旁的人

jiān lěi jì zhān wàng zī jiē ér suǒ wèi yōng fū yú fù zhě
肩累迹④，瞻望咨嗟⑤；而所谓庸夫愚妇者，
比肩接踵，都伸着脖子观看并且赞叹；而那些庸夫愚妇们，惊恐地奔跑，

bēn zǒu hài hàn xiū kuì fǔ fú yǐ zì huǐ zuì yú chē chén mǎ zú zhī
奔走骇汗，羞愧俯伏，以自悔罪于车尘马足之
浑身冒汗，羞愧得跪在地上，在车轮、马蹄扬起的尘土中悔过谢罪。这么

jiān cǐ yí jiè zhī shì dé zhì yú dāng shí ér yì qì zhī shèng
间。此一介之士，得志于当时，而意气之盛，
个普通的士人，一时得了志，那趾高气扬的样子，前人就将其比作穿着锦

xī rén bǐ zhī yī jǐn zhī róng zhě yě
昔人比之衣锦之荣者也。
绣衣裳的荣耀。

①闉：乡里。②季子：即苏秦。他游说秦国失败以后回到家中，
遭到家人的冷遇。③买臣：朱买臣，汉武帝一朝的大臣。他出身贫寒，
不治产业，只知刻苦读书，妻子因贫困而离开了他。后来他官拜
会稽太守。④骈肩累迹：形容人多。⑤咨嗟：赞叹。

惟大丞相魏国公^①则不然。公，相人
只有大丞相魏国公不是如此。魏国公，相州人士。世代有美德，都

也。世有令德，为时名卿。自公少时，已擢
是当时有名的公卿。魏国公在年轻时就已考中了科举中的高等科目，担任了

高科，登显士。海内之士，闻下风而望余光
显要的职务。全国的士人们，听闻他的风貌，仰望他的风采，大概也有好多

者，盖亦有年矣。所谓将相而富贵，皆公所
年了。所谓出将入相，富贵荣耀，都是魏国公早就应该有的，并不像那些困

宜素有。非如穷厄之人，侥幸得志于一时，出
厄的士人，侥幸得志于一时，使庸夫愚妇大出意外，以此来吓唬他们，并且

于庸夫愚妇之不意，以惊骇而夸耀之也。然则
夸耀自己。如此说来，威严的仪仗，不足以成为魏国公的光荣；三公的地位，

高牙大纛^②，不足为公荣；桓圭衮裳^③，不足
不足以显示魏国公的高贵。将恩德施于百姓，有功于社稷，在金石上刻下自

为公贵。惟德被^④生民，而功施社稷，勒之金
己的功业，让诗歌将自己的事迹传播于四方，功德照耀后世而无穷无尽，这

石，播之声诗，以耀后世而垂无穷，此公之
才是魏国公的大志所在，而士人们也是以此来寄希望于魏国公的。岂止是为

志，而士亦以此望于公也。岂止夸一时而荣一
了夸耀于一时，荣耀于一乡呢？

^{xiāng zāi}
乡哉？

①魏国公：韩琦的封号。②高牙：牙旗（军前的大旗）。大纛：
古时军队或仪仗队的大旗。③桓圭：古时帝王、三公祭祀朝聘时
所执玉器。衮裳：古时帝王或三公穿的礼服。④被：施加。

^{gōng zài zhì hé zhōng cháng yǐ wǔ kāng zhī jié lái zhì yú}
公在至和①中，尝以武康之节②，来治于
魏国公在至和年间，曾经以武康节度使的身份治理过相州，在官邸

^{xiàng nǎi zuò zhòu jǐn zhī táng yú hòu pǔ jì yòu kè shī yú shí yǐ}
相，乃作昼锦之堂于后圃。既又刻诗于石，以
的后花园建造了昼锦堂。后来又在石碑上刻诗，把它留给了相州百姓。诗里

^{wèi xiàng rén qí yán yǐ kuài ēn chóu jīn míng yù wéi kě bó gài}
遗相人。其言以快恩仇、矜名誉为可薄，盖
认为那些恩仇得报而后快、夸耀名誉以为乐的人和事是鄙陋浅薄的，这大概

^{bù yǐ xī rén suǒ kuā zhě wéi róng ér yǐ wéi jiè yú cǐ jiàn gōng zhī}
不以昔人所夸者为荣，而以为戒。于此见公之
是因为魏国公不把以前人们对自己的夸耀当作光荣，却以此为鉴戒吧。从这

^{shì fù guì wéi hé rú ér qí zhì qǐ yì liáng zāi gù néng chū rù jiàng}
视富贵为何如，而其志岂易量哉？故能出入将
里就可以看出魏国公视富贵为何物了，而他的志向又怎能轻易地估量呢？因

^{xiàng qín láo wáng jiā ér yí xiǎn yì jié zhì yú lín dà shì jué}
相，勤劳王家，而夷险一节。至于临大事，决
此能够出将入相，辛勤劳苦地侍奉皇家；不论平安危险，气节始终如一。至

^{dà yì chuí shēn zhèng hù bú dòng shēng sè ér cuò tiān xià yú}
大议，垂绅正笏③，不动声色，而措天下于
于遇到重大事件、重大问题的时候，他总是垂着衣带，拿着玉笏，不动声色，

tài shān zhī ān　　　 kě wèi shè jì zhī chén yǐ　　　 qí fēng gōng shèng liè
泰山之安，可谓社稷之臣矣。其丰功盛烈，
而将天下安置得如泰山一样安稳，真可称得上是安邦定国之臣啊。他的丰功

suǒ yǐ míng yí dǐng　　 ér bèi xián gē zhě　　　 nǎi bāng jiā　　 zhī guāng　　fēi
所以铭彝鼎④而被弦歌者，乃邦家⑤之光，非
伟绩被铭刻在钟鼎之上，流传于弦歌之中，这是国家的光荣，而不仅仅是一

lú　 lǐ　 zhī róng yě
闾里之荣也。
乡的光荣啊。

① 至和：宋仁宗年号（1054 年—1056 年）。② 武康之节：韩琦曾
任武康军节度使。③ 垂绅正笏：形容稳定沉着。绅：士大夫束在
衣外的大带。笏：古代朝见时大臣所执的手板，用以记录要奏明
的事情。④ 彝鼎：钟鼎。⑤ 邦家：即国家。

yú suī bú huò dēng gōng zhī táng　　　 xìng cháng qiè sòng gōng zhī　 shī
余虽不获登公之堂，幸尝窃诵公之诗，
我虽然没有获得登上昼锦堂的机会，却有幸读了他的诗歌，为他的

lè gōng zhī zhì yǒu chéng　　　 ér xǐ wéi tiān xià dào yě　　　 yú shì hū shū
乐公之志有成，而喜为天下道也。于是乎书。
志向能够实现而高兴，并且乐于讲给天下人听，于是写了这篇文章。

---深入浅出读古文---

北宋名臣韩琦官至宰相，可谓荣耀之至，他因病回故乡做知州时，建了一座昼锦堂，意在告诫自己不要计较个人荣辱得失。欧阳修闻听此事，便写了这篇文章。此文写世俗人以"荣华富贵，衣锦还乡"为荣，衬托出韩琦志在"德被生民，而功施社稷"的高尚德行。

本篇虽是为堂作记，但通篇并没有一处描写昼锦堂的建筑、装设以及景致，而是重点写韩琦的志向和德业，并赞赏其不以"昼锦"为荣反而以之为戒的行为。作者写韩琦的德业，彰显他的志德风范，目的是针砭以"荣华富贵，衣锦还乡"为荣的思想，暗中切合了"昼锦"之意，这种写法曲折隐晦，实为一种高明的写作技巧。

知识加油站

玉笏

玉笏，古时候王公上朝时所执的玉制手板，是古代臣下上殿面君时的工具。笏，又称手板、玉板、朝笏或朝板。古时候文武大臣朝见君王时，双手执笏以记录君命或旨意，亦可以将要对君王上奏的事务记在笏板上，以防遗忘。

丰乐亭记

宋 欧阳修

修既治滁①之明年，夏，始饮滁水而甘。
我到滁州任知州的第二年夏天，才喝到滁州甘甜的泉水。向滁州人

问诸滁人，得于州南百步之近。其上则丰山，
打听泉水的出处，在城南百步远的地方找到了泉源。上有丰山高耸挺立，下

耸然而特立；下则幽谷，窈然②而深藏；中有
有溪谷幽冥深邃，中间有一道清洌的泉水，水势盛大，向上喷涌。我环顾四

清泉，滃然③而仰出。俯仰左右，顾而乐之。
周，很喜欢这个地方。于是凿开岩石，疏导泉水，开辟出一块地方，修建了

于是疏泉凿石，辟地以为亭，而与滁人往游其
一座亭子，与滁州的人们一道在这里游赏。

间。

① 滁：即滁州，治所在今安徽滁州市。② 窈然：深幽的样子。
③ 滃然：形容水盛而涌出的样子。

<ruby>滁<rt>chú</rt></ruby><ruby>于<rt>yú</rt></ruby><ruby>五<rt>wǔ</rt></ruby><ruby>代<rt>dài</rt></ruby>①<ruby>干<rt>gān</rt></ruby><ruby>戈<rt>gē</rt></ruby><ruby>之<rt>zhī</rt></ruby><ruby>际<rt>jì</rt></ruby>，<ruby>用<rt>yòng</rt></ruby><ruby>武<rt>wǔ</rt></ruby><ruby>之<rt>zhī</rt></ruby><ruby>地<rt>dì</rt></ruby><ruby>也<rt>yě</rt></ruby>。<ruby>昔<rt>xī</rt></ruby><ruby>太<rt>tài</rt></ruby>

滁州在五代战乱的时候，是一个经常有战事的地方。当年，太祖

<ruby>祖<rt>zǔ</rt></ruby><ruby>皇<rt>huáng</rt></ruby><ruby>帝<rt>dì</rt></ruby>，<ruby>尝<rt>cháng</rt></ruby><ruby>以<rt>yǐ</rt></ruby><ruby>周<rt>zhōu</rt></ruby><ruby>师<rt>shī</rt></ruby><ruby>破<rt>pò</rt></ruby><ruby>李<rt>lǐ</rt></ruby><ruby>景<rt>jǐng</rt></ruby>②<ruby>兵<rt>bīng</rt></ruby><ruby>十<rt>shí</rt></ruby><ruby>五<rt>wǔ</rt></ruby><ruby>万<rt>wàn</rt></ruby><ruby>于<rt>yú</rt></ruby><ruby>清<rt>qīng</rt></ruby><ruby>流<rt>liú</rt></ruby>

皇帝曾率领后周的军队在清流山下大破李璟的十五万兵马，在滁州东门城

<ruby>山<rt>shān</rt></ruby><ruby>下<rt>xià</rt></ruby>，<ruby>生<rt>shēng</rt></ruby><ruby>擒<rt>qín</rt></ruby><ruby>其<rt>qí</rt></ruby><ruby>将<rt>jiàng</rt></ruby><ruby>皇<rt>huáng</rt></ruby><ruby>甫<rt>fǔ</rt></ruby><ruby>晖<rt>huī</rt></ruby>、<ruby>姚<rt>yáo</rt></ruby><ruby>凤<rt>fèng</rt></ruby>③<ruby>于<rt>yú</rt></ruby><ruby>滁<rt>chú</rt></ruby><ruby>东<rt>dōng</rt></ruby><ruby>门<rt>mén</rt></ruby><ruby>之<rt>zhī</rt></ruby>

外活捉了南唐将领皇甫晖、姚凤，平定了滁州。我曾经考察过当地的山川，

<ruby>外<rt>wài</rt></ruby>，<ruby>遂<rt>suì</rt></ruby><ruby>以<rt>yǐ</rt></ruby><ruby>平<rt>píng</rt></ruby><ruby>滁<rt>chú</rt></ruby>。<ruby>修<rt>xiū</rt></ruby><ruby>尝<rt>cháng</rt></ruby><ruby>考<rt>kǎo</rt></ruby><ruby>其<rt>qí</rt></ruby><ruby>山<rt>shān</rt></ruby><ruby>川<rt>chuān</rt></ruby>，<ruby>按<rt>àn</rt></ruby><ruby>其<rt>qí</rt></ruby><ruby>图<rt>tú</rt></ruby><ruby>记<rt>jì</rt></ruby>④，

按照地图的记载，登上高处远眺清流关，想找到皇甫晖、姚凤被活捉的地

<ruby>升<rt>shēng</rt></ruby><ruby>高<rt>gāo</rt></ruby><ruby>以<rt>yǐ</rt></ruby><ruby>望<rt>wàng</rt></ruby><ruby>清<rt>qīng</rt></ruby><ruby>流<rt>liú</rt></ruby><ruby>之<rt>zhī</rt></ruby><ruby>关<rt>guān</rt></ruby>，<ruby>欲<rt>yù</rt></ruby><ruby>求<rt>qiú</rt></ruby><ruby>晖<rt>huī</rt></ruby>、<ruby>凤<rt>fèng</rt></ruby><ruby>就<rt>jiù</rt></ruby><ruby>擒<rt>qín</rt></ruby><ruby>之<rt>zhī</rt></ruby><ruby>所<rt>suǒ</rt></ruby>。

方。然而当年亲历战事的人都不在了，也许是因为天下平定已经很久了吧。

<ruby>而<rt>ér</rt></ruby><ruby>故<rt>gù</rt></ruby><ruby>老<rt>lǎo</rt></ruby><ruby>皆<rt>jiē</rt></ruby><ruby>无<rt>wú</rt></ruby><ruby>在<rt>zài</rt></ruby><ruby>者<rt>zhě</rt></ruby>，<ruby>盖<rt>gài</rt></ruby><ruby>天<rt>tiān</rt></ruby><ruby>下<rt>xià</rt></ruby><ruby>之<rt>zhī</rt></ruby><ruby>平<rt>píng</rt></ruby><ruby>久<rt>jiǔ</rt></ruby><ruby>矣<rt>yǐ</rt></ruby>。<ruby>自<rt>zì</rt></ruby><ruby>唐<rt>táng</rt></ruby><ruby>失<rt>shī</rt></ruby><ruby>其<rt>qí</rt></ruby>

从唐代政治昏乱以来，天下四分五裂，英雄豪杰并起争夺天下，互相对峙，

<ruby>政<rt>zhèng</rt></ruby>，<ruby>海<rt>hǎi</rt></ruby><ruby>内<rt>nèi</rt></ruby><ruby>分<rt>fēn</rt></ruby><ruby>裂<rt>liè</rt></ruby>，<ruby>豪<rt>háo</rt></ruby><ruby>杰<rt>jié</rt></ruby><ruby>并<rt>bìng</rt></ruby><ruby>起<rt>qǐ</rt></ruby><ruby>而<rt>ér</rt></ruby><ruby>争<rt>zhēng</rt></ruby>，<ruby>所<rt>suǒ</rt></ruby><ruby>在<rt>zài</rt></ruby><ruby>为<rt>wéi</rt></ruby><ruby>敌<rt>dí</rt></ruby><ruby>国<rt>guó</rt></ruby>

成为敌国的国家，数也数不清。到了大宋承受天命，圣人出世，而后四海

<ruby>者<rt>zhě</rt></ruby>，<ruby>何<rt>hé</rt></ruby><ruby>可<rt>kě</rt></ruby><ruby>胜<rt>shèng</rt></ruby><ruby>数<rt>shǔ</rt></ruby>？<ruby>及<rt>jí</rt></ruby><ruby>宋<rt>sòng</rt></ruby><ruby>受<rt>shòu</rt></ruby><ruby>天<rt>tiān</rt></ruby><ruby>命<rt>mìng</rt></ruby>，<ruby>圣<rt>shèng</rt></ruby><ruby>人<rt>rén</rt></ruby><ruby>出<rt>chū</rt></ruby><ruby>而<rt>ér</rt></ruby><ruby>四<rt>sì</rt></ruby><ruby>海<rt>hǎi</rt></ruby>

才归于统一。以前在战争中凭借险阻获胜的国家，都逐渐被铲除消灭了。

一。向之凭恃险阻，铲削消磨。百年之间，漠

百年之间，太平无事，所见的景象只是山高水清。想问问当年的战事，而

然徒见山高而水清。欲问其事，而遗老尽矣。

经历过的人都已经死去了。今天的滁州位于江淮之间，是一个船只车辆

今滁介江淮之间，舟车商贾、四方宾客之所

商贾游客都很少到的地方。百姓不接触外界的事情，安心地耕田种地，穿

不至，民生不见外事，而安于畎亩⑤衣食，

衣吃饭，无忧无虑地度过一生。而有谁能知道是皇上的功德，才使百姓得

以乐生送死。而孰知上之功德，休养生息，

以休养生息，如雨露滋润、阳光普照般地哺育了他们达百年之久呢！

涵煦⑥于百年之深也。

①五代：指后梁、后唐、后晋、后汉、后周。②太祖皇帝：宋太祖赵匡胤。李景：即李璟，南唐元宗。③皇甫晖：南唐江州节度使、行营应援使。姚凤：常州团练使、应援都监。④图记：指地图和文字记载。⑤畎亩：田地。⑥涵煦：滋润教化。

xiū zhī lái cǐ　　lè qí dì pì ér shì jiǎn　　yòu ài qí sú zhī
修之来此，乐其地僻而事简，又爱其俗之
我来到这里，喜欢它地处偏僻而政事简明，又爱它民风的恬淡悠闲。

ān xián　　jì dé sī quán yú shān gǔ zhī jiān　　nǎi rì yǔ chú rén yǎng ér
安闲。既得斯泉于山谷之间，乃日与滁人仰而
既已在山谷间找到这样的甘泉，便每天同滁州的人们仰望高山，低首听泉，

wàng shān　　fǔ ér tīng quán　　duō① yōu fāng ér yìn qiáo mù　　fēng shuāng
望山，俯而听泉，掇① 幽芳而荫乔木，风 霜
春天采摘幽香的花草，夏天在大树下休息，等到风霜冰雪来临的时候，山川

bīng xuě　　kè lù qīng xiù　　sì shí zhī jǐng wú bù kě ài　　yòu xìng qí
冰雪，刻露清秀，四时之景无不可爱。又幸其
则更加显得轮廓清晰、明丽秀美；一年四季的景色无不令人喜爱。民众也为

mín lè qí suì wù② zhī fēng chéng　　ér xǐ yǔ yú yóu yě　　yīn wèi běn
民乐其岁物② 之丰成，而喜与予游也。因为本
年年谷物丰收而高兴，愿意与我同游。于是我根据这里的山形地貌，叙述这

qí shān chuān　　dào qí fēng sú zhī měi　　shǐ mín zhī suǒ yǐ ān cǐ fēng nián
其山川，道其风俗之美，使民知所以安此丰年
里风俗的美好，使民众知道能够安享丰年的欢乐，是因为有幸生于这太平的

zhī lè zhě　　xìng shēng wú shì zhī shí yě
之乐者，幸生无事之时也。
圣朝。

fú xuān shàng ēn dé　　yǐ yǔ mín gòng lè　　cì shǐ③ zhī shì
夫宣上恩德，以与民共乐，刺史③ 之事
宣扬皇上的恩德，和民众共享欢乐，这本是刺史的职责。于是便写

yě　　suì shū yǐ míng④ qí tíng yān
也。遂书以名④ 其亭焉。
了这篇文章为亭子命名。

①掇：采取。②岁物：收成。③刺史：古官名，宋代习惯作知州的别称。④名：起名。

———————深入浅出读古文———————

本篇是欧阳修任滁州知州时所作。文中生动描绘了滁州的山水景致，并由滁州在五代时为用武之地追述到宋王朝统一天下的功业，继而称扬有宋以来与民休养生息的政策，描写承平盛世下自己与民同游山水的快乐，言说为亭起名"丰乐"的原由。

首段从眼前之事入手，写自己得泉建亭的经过。次段写五代十国时滁州的战乱格局，与今日滁州的太平盛世形成对比。第三段回到现实，对应首段"而与滁人往游其间"。本篇的旨意遥深，从建亭游赏这一平凡小事，引出只有让天下太平、五谷丰登，才能使百姓安居乐业的大道理，这是典型的以小见大的写法。

知识加油站

成语词汇

用武之地：形容地形险要，利于作战的地方。比喻可以施展自己才能的地方或机会。（选自文句："滁于五代干戈之际，用武之地也。"）

休养生息：在大动乱、大变革之后所采取的减轻人民负担，恢复生产，安定社会秩序的措施。（选自文句："而孰知上之功德，休养生息，涵煦于百年之深也。"）

醉翁亭记

宋 欧阳修

环滁①皆山也。其西南诸峰，林壑尤
滁州四面环山。那西南面的几座山峰，树林和山谷尤其秀美。放眼

美。望之蔚然②而深秀者，琅琊③也。山行
望去，那郁郁葱葱、幽深秀丽的地方，就是琅琊山了。顺着山路走上六七里，

六七里，渐闻水声潺潺，而泻出于两峰之间
渐渐地听到水声潺潺，从两座山峰之间倾泻而出的是酿泉。走过曲折的山路，

者，酿泉④也。峰回路转，有亭翼然临于泉
绕过回环的山峰，看见有一座亭的亭檐像飞鸟展翅一样翘起，临于泉边，那

上者，醉翁亭也。作亭者谁？山之僧智仙
便是醉翁亭。建造亭子的人是谁呢？是山上的智仙和尚。给它取名的又是谁

也。名之者谁？太守自谓也。太守与客来饮
呢？就是自号"醉翁"的那个太守。太守和他的宾客们来这儿饮酒，只喝一

yú cǐ, yǐn shǎo zhé zuì, ér nián yòu zuì gāo, gù zì hào yuē "zuì
于此，饮少辄醉，而年又最高，故自号曰"醉
点儿就醉了，而且年纪又是最大，所以自号"醉翁"。其实醉翁的情趣并不

wēng yě。zuì wēng zhī yì bú zài jiǔ, zài hū shān shuǐ zhī jiān yě。
翁"也。醉翁之意不在酒，在乎山水之间也。
在酒上，而在山水之间。游山赏水的乐趣，是领略在心里，而寄托在酒中啊。

shān shuǐ zhī lè, dé zhī xīn ér yù⑤ zhī jiǔ yě。
山水之乐，得之心而寓⑤之酒也。

①滁：即滁州，在今安徽滁州市。②蔚然：草木茂盛的样子。
③琅琊：即琅琊山，在滁州市西郊。④酿泉：因水清可以酿酒，
故名酿泉。⑤得：领会。寓：寄托。

ruò fú rì chū ér lín fēi① kāi, yún guī ér yán xué míng②,
若夫日出而林霏①开，云归而岩穴暝②，
如果太阳升起，山林中的云雾便尽皆消散了；若是烟云归集，山中

huì míng③ biàn huà zhě, shān jiān zhī zhāo mù yě。yě fāng fā ér yōu
晦明③变化者，山间之朝暮也。野芳发而幽
的洞穴就又会变得幽冥昏暗。这昏暗与明亮的交替变化，是山中的黎明与黄

xiāng, jiā mù xiù ér fán yīn④, fēng shuāng gāo jié, shuǐ luò ér shí
香，佳木秀而繁阴④，风霜高洁，水落而石
昏。野花怒放而散发清香，树木深秀而繁茂；秋高气爽，秋霜洁白；溪水下

chū zhě, shān jiān zhī sì shí yě。zhāo ér wǎng, mù ér guī, sì shí
出者，山间之四时也。朝而往，暮而归，四时
落，山石便显露出来。这就是山间四季景致的变化。清晨前往，黄昏归来，

zhī jǐng bù tóng, ér lè yì wú qióng yě。
之景不同，而乐亦无穷也。
四季的景色不同，这其中的乐趣也是无穷无尽的。

74

①霏：弥漫的雾气。②暝：昏暗。③晦明：指天气阴晴明暗。④繁阴：一片浓郁的绿荫。

zhì yú fù zhě gē yú tú　　xíng zhě xiū yú shù　　qián zhě
至于负者歌于涂①，行者休于树，前者
至于背负着东西的人在路上欢唱，往来的行人在树下休息，前面的

hū　hòu zhě yìng　ōu lǚ　tí xié　wǎng lái ér bù jué zhě　chú
呼，后者应，伛偻②提携，往来而不绝者，滁
招呼，后面的答应，老老少少，搀扶提携，往来不断，那是滁州民众来这里

rén yóu yě　lín xī ér yú　xī shēn ér yú féi　niàng quán wéi jiǔ
人游也。临溪而渔，溪深而鱼肥。酿泉为酒，
游玩。在溪边钓鱼，溪深而鱼肥；用酿泉制酒，泉香而酒洌。还有各种山珍

quán xiāng ér jiǔ liè　　shān yáo yě sù④　zá rán ér qián chén zhě
泉香而酒洌③。山肴野蔌④，杂然而前陈者，
和野菜，横七竖八地摆在面前，那是太守所设的宴席。宴饮酣畅的乐趣，不

tài shǒu yàn yě　　yàn hān zhī lè　fēi sī fēi zhú　shè⑤zhě zhòng
太守宴也。宴酣之乐，非丝非竹。射⑤者中，
在于琴弦箫管。投壶的投中了，下棋的下赢了，只见酒杯与筹码杂乱交错，

yì⑥zhě shèng　gōng　chóu jiāo cuò　qǐ zuò ér xuān huá zhě　zhòng bīn
弈⑥者胜，觥⑦筹交错，起坐而喧哗者，众宾
人们时起时坐、大声喧闹，那是宾客们欢乐到了极点。那个容颜苍老、一头

huān yě　cāng yán bái fà　tuí hū qí zhōng zhě　tài shǒu zuì yě
欢也。苍颜白发，颓乎其中者，太守醉也。
白发、颓然坐在人群中的老者，就是喝醉的太守。

①涂：通"途"。②伛偻：腰背弯曲，这里指老人。③洌：清澄。
④蔌：菜。⑤射：投壶。⑥弈：下围棋。⑦觥：古代的一种酒器。

yǐ ér xī yáng zài shān　　rén yǐng sǎn luàn　　tài shǒu guī ér bīn

已而夕阳在山，人影散乱，太守归而宾

不久就到了夕阳西下的时候。只见人影散乱，那是宾客们跟随太守

kè cóng yě　　shù lín yīn yì ①　　míng shēng shàng xià　　yóu rén qù ér

客从也。树林阴翳①，鸣声上下，游人去而

回去了。树林茂密成荫，上上下下一片鸣叫，那是游人离开后鸟儿开始欢唱

qín niǎo lè yě　　rán ér qín niǎo zhī shān lín zhī lè　　ér bù zhī rén zhī

禽鸟乐也。然而禽鸟知山林之乐，而不知人之

起来了。然而鸟儿只知道山林中的快乐，却不知道人们的快乐。人们只知道

lè　　rén zhī cóng tài shǒu yóu ér lè　　ér bù zhī tài shǒu zhī lè qí lè

乐；人知从太守游而乐，而不知太守之乐其乐

跟随太守游玩的快乐，却不知道太守是因为他们快乐而快乐啊。醉了的时候

yě　　zuì néng tóng qí lè　　xǐng néng shù yǐ wén zhě　　tài shǒu yě　　tài

也。醉能同其乐，醒能述以文者，太守也。太

能同他们一起快乐，醒了之后又能用文章把这些记述下来的，是太守啊。太

shǒu wèi ② shuí　　lú líng ③　　ōu yáng xiū yě

守谓②谁？庐陵③欧阳修也。

守是谁呢？是庐陵欧阳修啊。

①翳：遮蔽。②谓：是。③庐陵：庐陵郡，今江西吉安市。

深入浅出读古文

欧阳修因支持范仲淹的新政，被贬为滁州太守，这篇文章是他在滁州任上写的一篇山水游记。本文主要写了醉翁亭之名的由来、醉翁亭附近的景色、滁州百姓游山玩水以及与宾客宴饮时的场景，表达了作者与民同乐的情怀。作者虽然被贬谪到滁州，却没有意志消沉，而是保持着乐观豁达、坦荡自若，这是难能可贵的。

此文名为《醉翁亭记》，却几乎句句不离山水，看似离题，实则不然，因为太守、醉翁亭、山水三者是一体的，表面上是记山水，实则是写醉翁亭，更是写欧阳修本人。全文围绕着太守之乐而写，形散而神不散。

知识加油站

成语词汇

醉翁之意不在酒：本意指醉翁的情趣不在喝酒，而在于欣赏山里的风景。后用来表示本意不在此而在别的方面，或别有用心。（选自文句："醉翁之意不在酒，在乎山水之间也。"）

水落石出：水落下去，水底的石头就露出来。比喻事情的真相完全显露出来。（选自文句："野芳发而幽香，佳木秀而繁阴，风霜高洁，水落而石出者，山间之四时也。"）

秋 声 赋
qiū shēng fù

宋 欧阳修

欧阳子①方夜读书，闻有声自西南来
我夜间正在读书，听到有声音从西南传来，惊悚地侧耳倾听，道："好

者，悚然②而听之，曰："异哉！"初淅沥以
奇怪啊！"开始的时候那声音像淅沥的雨声，还夹杂着风吹树木的声音，忽

潇飒③，忽奔腾而砰④湃，如波涛夜惊，风雨
然间又奔腾而澎湃，好似波涛在夜间骤起、风雨忽然降临。听它碰在物体上，

骤至。其触于物也，铮铮铮铮⑤，金铁皆鸣；
铮铮铮铮，像金属互相撞击发出的声音；又好像夜袭敌阵的战士正衔枚急走，

又如赴敌之兵，衔枚⑥疾走，不闻号令，但闻
听不见号令，只听见人马行进的声音。我对书童说："这是什么声音，你出

人马之行声。予谓童子："此何声也？汝出视
去看看吧！"书童回来说："月亮和星星皎洁明亮，浩瀚的银河悬挂在中天，

zhī。" tóng zǐ yuē xīng yuè jiǎo jié míng hé⑦ zài tiān sì
之。"童子曰："星月皎洁，明河⑦在天，四
四周寂静，人声悄然，那奇怪的声音好像是从树间传来的。"

wú rén shēng shēng zài shù jiān
无人声，声在树间。"

①欧阳子：作者自称。②悚然：惊惧的样子。③潇飒：形容风吹
树木的声音。④砰：通"澎"。⑤锹锹铮铮：金属碰撞的声音。
⑥衔枚：古时行军或袭击敌军时，让士兵衔枚以防出声。⑦明河：
银河。

yú yuē yī xī bēi zāi cǐ qiū shēng yě hú wéi
予曰："噫嘻，悲哉！此秋声也，胡为
我说："哎，哎，好悲伤啊！这是秋声，它为什么要来呢？说起秋

hū lái zāi gài fú qiū zhī wéi zhuàng yě qí sè cǎn dàn yān fēi①
乎来哉？盖夫秋之为状也，其色惨淡，烟霏①
天的样子，它的色调惨淡苍凉，烟雾消散，云气收敛；它的容貌清新明朗，

yún liǎn qí róng qīng míng tiān gāo rì jīng② qí qì lì liè③
云敛；其容清明，天高日晶②；其气栗冽③，
天高气爽，阳光灿烂；它的气流寒冷，刺人肌骨；它的意境萧条寥落，山

biān④ rén jī gǔ qí yì xiāo tiáo shān chuān jì liáo gù qí wéi
砭④人肌骨；其意萧条，山川寂寥。故其为
河空廓。因此它发出来的声音，凄凄切切，呼啸激昂。秋风未到的时候，

shēng yě qī qī qiè qiè hū háo fèn fā fēng cǎo lù rù⑤ ér
声也，凄凄切切，呼号奋发。丰草绿缛⑤而
草儿葱郁蓬勃，竞相繁茂；树木葱郁遮阴，惹人喜爱。然而秋风一至，吹

zhēng mào　jiā mù cōng lóng ér kě yuè　cǎo fú zhī ér sè biàn　mù

争茂，佳木葱茏而可悦。草拂之而色变，木

过茂草而茂草枯黄，吹过树木而树木尽凋。那能使万物凋落飘零的，就是

zāo zhī ér yè tuō　qí suǒ yǐ cuī bài líng luò zhě　nǎi yǐ qì zhī yú

遭之而叶脱。其所以摧败零落者，乃一气之余

秋气的一点余威罢了。

liè

烈。

①霏：消散。②日晶：日光明亮。③栗冽：寒冷。④砭：刺。
⑤绿缛：碧绿茂盛。

fú qiū　xíng guān ① yě　yú shí wéi yīn　yòu bīng xiàng

"夫秋，刑官①也，于时为阴；又兵象

"秋天是刑官执法的季节，在季节上属阴；它又是战争的象征，在

yě　yú xíng wéi jīn　shì wèi tiān dì zhī yì qì　cháng yǐ sù shā ér

也，于行为金，是谓天地之义气，常以肃杀而

五行中属金。这就是所谓天地间的冷酷之气，常常以肃杀作为主旨。自然对

wéi xīn　tiān zhī yú wù　chūn shēng qiū shí　gù qí zài yuè yě

为心。天之于物，春生秋实，故其在乐也，

于万物，是春天使它们生长，秋天让它们结果。因此秋天在音乐上属于商声，

shāng shēng ② zhǔ xī fāng zhī yīn　yí zé wéi qī yuè zhī lù　shāng

商声②主西方之音，夷则为七月之律。商，

商声是西方的音调；而夷则是七月的音律。商，就是悲伤的意思，万物衰老

shāng yě　wù jì lǎo ér bēi shāng　yí　lù yě　wù guò shèng ér

伤也，物既老而悲伤；夷，戮也，物过盛而

就会悲伤；夷，是杀戮的意思，草木过了盛期就会衰亡。

dāng shā
当杀。

① 刑官：《周礼》把官职与天、地、春、夏、秋、冬相配，称为六官。秋天肃杀万物，所以司寇为秋官，执掌刑法，称刑官。② 商声：五声（宫、商、角、徵、羽）之一。

jiē fú　　cǎo mù wú qíng　　yǒu shí piāo líng　　rén wéi dòng
"嗟夫！草木无情，有时飘零。人为动
"唉！草木无情，尚且不免按时凋零。人是动物，是万物之灵。各

wù　　wéi wù zhī líng　　bǎi yōu gǎn qí xīn　　wàn shì láo qí xíng
物，惟物之灵。百忧感其心，万事劳其形，
种忧愁煎熬着他的心绪，各种琐碎的事情劳累着他的身体，心中有所触动，

yǒu dòng hū zhōng　　bì yáo　　qí jīng　　ér kuàng sī qí lì zhī suǒ bù
有动乎中，必摇①其精，而况思其力之所不
必然会煎熬精神，何况还要思虑那些力量和智慧所不能及的事情。这就必然

jí　　yōu qí zhì zhī suǒ bù néng　　yí qí wò rán dān zhě wéi gǎo mù
及，忧其智之所不能。宜其渥然丹者为槁木②，
会使他红润的脸色变得如同枯木，乌黑的头发变得花白。为什么要用不是金

yī rán hēi zhě wéi xīng xīng　　nài hé yǐ fēi jīn shí zhī zhì　　yù yǔ
黟然黑者为星星③。奈何以非金石之质，欲与
石的身躯，去像草木那样争奇斗胜呢？想想吧！是谁伤害了自己，又何必去

cǎo mù ér zhēng róng　　niàn shuí wéi zhī qiāng zéi　　yì hé hèn hū qiū
草木而争荣？念谁为之戕贼④，亦何恨乎秋
怨恨那不相关的秋声呢？"

shēng
声？"

①摇：耗费。②渥然：色泽红润的样子。槁木：指枯木。③黟然：
乌黑。星星：花白的头发。④戕贼：残害。

tóng zǐ mò duì　chuí tóu ér shuì　dàn wén sì bì chóng shēng jī
童子莫对，垂头而睡。但闻四壁虫声唧

书童没有回答，低垂着头已经睡着了。只听得四周墙壁上虫声唧唧，

jī　　rú zhù yú zhī tàn xī
唧，如助予之叹息。

好像是在附和我的叹息。

深入浅出读古文

本文是悲秋作品中的传世名篇，作者饱尝仕途险恶，写此文时已年逾五旬。文章以秋声起兴，继而引出对每到秋天世间万物皆归于肃杀零落情状的描写，抒发了作者对人事忧劳、生命凋萎的深沉叹息，反映出作者惨淡忧愁的心态。

本文布局非常精妙。首段凭借具体的视觉意象表达秋声，将视觉和听觉进行了贴切而生动的转换，全段没有一字提到"秋"字，可"自西南来""潇飒""金铁""赴敌之兵"等词语，已经将秋之景象完美勾勒出来。

本篇中还有一个创新，那就是摆脱了文学上"悲秋"的传统。作者通过冷静自然的心境，洞察出秋天所隐含的生命体验，表现了旷达的气度，文末一句"但闻四壁虫声唧唧，如助予之叹息"，更是发人深省，余味无穷。

xǐ yǔ tíng jì
喜雨亭记

宋 苏轼

tíng yǐ yǔ míng，zhì① xǐ yě。gǔ zhě yǒu xǐ，zé yǐ míng
亭以雨名，志①喜也。古者有喜，则以名
这座亭子以雨命名，是为了记载一件喜事。古人每逢喜事，便要用

wù，shì bú wàng yě。zhōu gōng dé hé，yǐ míng qí shū②；hàn wǔ
物，示不忘也。周公得禾，以名其书②；汉武
它命名事物，以示不忘。周公得异禾，便以《嘉禾》作为他文章的篇名；汉

dé dǐng，yǐ míng qí nián③；shū sūn shèng dí，yǐ míng qí zǐ④。
得鼎，以名其年③；叔孙胜敌，以名其子④。
武帝得了宝鼎，便以元鼎作他的年号；叔孙得臣打败狄人，俘获其国君侨如，

qí xǐ zhī dà xiǎo bù qí，qí shì bú wàng yī yě。
其喜之大小不齐，其示不忘一也。
便以"侨如"作自己儿子的名字。他们的喜事虽然大小不同，但是表示永不
忘记的用意却是一样的。

①志：记。②周公得禾，以名其书：周成王曾经赐给周公二苗同
为一穗的禾谷，周公便写下了《嘉禾》。③汉武得鼎，以名其年：
公元前116年，汉武帝在汾水上得宝鼎，于是改年号为元鼎元年。
④叔孙胜敌，以名其子：春秋时鲁国的叔孙得臣曾率军击败狄人，

俘获其国君侨如，于是让自己的儿子改名为侨如。

yú zhì fú fēng ① zhī míng nián   shǐ zhì guān shè   wéi tíng yú
予至扶风①之明年，始治官舍。为亭于
我到扶风的第二年才开始建造官舍。在厅堂北面筑了一座亭子，在

táng zhī běi   ér záo chí qí nán   yǐn liú zhòng shù   yǐ wéi xiū xī zhī
堂之北，而凿池其南，引流种树，以为休息之
南面开了一口池塘，引来了水，种上了树，作为休息的地方。这年春天，在

suǒ   shì suì zhī chūn   yù mài yú qí shān ② zhī yáng   qí zhān wéi yǒu
所。是岁之春，雨麦于岐山②之阳，其占为有
岐山的南面下起了一场"麦雨"，占卜后认为是丰年之兆。但随后又整整一

nián   jì ér mí yuè bú yù   mín fāng yǐ wéi yōu   yuè sān yuè   yǐ
年。既而弥月不雨，民方以为忧。越三月，乙
个月没有下雨，人们开始为此忧虑。到了四月的乙卯日（初二）才下起了雨，

mǎo ③ nǎi yù   jiǎ zǐ ④ yòu yù   mín yǐ wéi wèi zú   dīng mǎo ⑤
卯③乃雨，甲子④又雨，民以为未足。丁卯⑤
甲子日（四月十一）又下了雨，可是人们还是觉得不够。丁卯（四月十四）

dà yù   sān rì nǎi zhǐ   guān lì xiāng yǔ qìng yú tíng   shāng gǔ xiāng yǔ
大雨，三日乃止。官吏相与庆于庭，商贾相与
那天又下起了大雨，三天三夜才停止。官吏在厅堂上一起庆贺，商人在市场

gē yú shì   nóng fū xiāng yǔ biàn ⑥ yú yě   yōu zhě yǐ xǐ   bìng zhě
歌于市，农夫相与忭⑥于野，忧者以喜，病者
上一起唱歌，农人在田间一起欢舞，忧虑的人变得高兴，患病的人因此康复，

yǐ yù   ér wú tíng shì chéng
以愈，而吾亭适成。
而我的亭子也在这个时候建成了。

①扶风：即凤翔府，在今陕西凤翔县。②岐山：在今陕西岐山县。

③乙卯：农历四月初二。④甲子：农历四月十一。⑤丁卯：农历四月十四。⑥忻：高兴。

于是举酒于亭上，以属客①而告之，曰：
于是我在亭上摆开酒宴，向客人劝酒并问他们："如果五天不下雨，

"五日不雨可乎？"曰：五日不雨则无麦。十
行么？"他们说，五天不下雨，麦子就长不成了。"要是十天都不下雨行吗？"

日不雨可乎？曰：十日不雨则无禾。无麦无
他们说，十天不下雨，稻子就长不成了。没有麦子，没有稻子，就会发生连

禾，岁且荐饥②，狱讼繁兴而盗贼滋炽③。则
年的饥荒，诉讼的案件日益增多，强盗、小偷也会猖獗起来。这样一来，我

吾与二三子，虽欲优游以乐于此亭，其可得
和诸位即使想悠闲地在这亭中宴饮欢乐，恐怕也不可能了！如今上天不遗弃

耶？今天不遗斯民，始旱而赐之以雨，使吾与
这里的人民，刚开始干旱便赐下了雨水，使我与诸位能够悠闲而快乐地在这

二三子得相与优游而乐于此亭者，皆雨之赐
亭中享乐，这都是雨的恩赐啊！这又怎么可以忘记呢？

也，其又可忘耶？"

①属客：劝客饮酒。属：同"嘱"。②荐饥：连年饥荒。荐：再。
③滋炽：滋生势盛。

既以名亭，又从而歌之，曰："使天而
给亭子命名之后，接着又作了歌，歌词说："假使天上落下的是珍珠，

雨珠，寒者不得以为襦①；使天而雨玉，饥者
受冻的人不能用它做棉衣；假使天上落下的是宝玉，挨饿的人不能拿它当粮

不得以为粟。一雨三日，伊②谁之力？民曰太
食。如今一连三日大雨，这是谁的力量？百姓说是太守，太守不敢承受这样

守，太守不有，归之天子；天子曰不然，归之
的称誉，把它归功于皇上；皇上说不是这样，把它归功于造物主；造物主不

造物；造物不自以为功，归之太空。太空冥冥③，
认为是自己的功劳，把它归功于太空。太空缥缈难测，不能为它命名，我就

不可得而名。吾以名吾亭。"
用它来为我的亭子命名。"

①襦：短袄。②伊：语助词，无意。③冥冥：高远渺茫。

90

深入浅出读古文

喜雨亭是苏轼担任凤翔府签判时修建的。苏轼为说明喜雨亭得名的缘由，特意写了这篇文章。此文写凤翔久旱后下雨，百姓欢欣鼓舞，苏轼于是修建了喜雨亭，与百姓同乐。

本文开门见山，首句便点出题目中的"喜"字，此字是全文的文眼。而后又引用周公、汉武帝、叔孙得臣的典故，解释"古者有喜，则以名物"一句，也对照了首句的"喜"。描写喜雨亭的景色以及在喜雨亭与友人畅饮的部分，是全文的重点，也最让人津津乐道。苏轼潇洒率意的文风，在这一部分表露无遗。

这篇文章题小而语大，议论涉及国政民生大体，绝无一丝尘俗之气。

知识加油站

出人头地

宋仁宗时，苏轼以一篇《刑赏忠厚之至论》的论文得到考官梅尧臣的青睐，并推荐给主试官欧阳修。欧阳修对这篇文章也十分赞赏，认为可能是门生曾巩所作，为了避嫌，将他列为第二。放榜后，考中的考生都要拜谢主考官，当第二名考生苏轼来到欧阳修面前时，欧阳修这才知道闹了乌龙。他在《与梅圣俞书》中写道："读轼书，不觉汗出，快哉快哉！老夫当避路，放他出一头地也。"这就是成语"出人头地"的由来。

<ruby>超<rt>chāo</rt></ruby> <ruby>然<rt>rán</rt></ruby> <ruby>台<rt>tái</rt></ruby> <ruby>记<rt>jì</rt></ruby>

宋 苏轼

<ruby>凡<rt>fán</rt></ruby><ruby>物<rt>wù</rt></ruby><ruby>皆<rt>jiē</rt></ruby><ruby>有<rt>yǒu</rt></ruby><ruby>可<rt>kě</rt></ruby><ruby>观<rt>guān</rt></ruby>。<ruby>苟<rt>gǒu</rt></ruby><ruby>有<rt>yǒu</rt></ruby><ruby>可<rt>kě</rt></ruby><ruby>观<rt>guān</rt></ruby>，<ruby>皆<rt>jiē</rt></ruby><ruby>有<rt>yǒu</rt></ruby><ruby>可<rt>kě</rt></ruby><ruby>乐<rt>lè</rt></ruby>，

大凡事物都有值得观赏的地方。只要有值得观赏的地方，就一定存

<ruby>非<rt>fēi</rt></ruby><ruby>必<rt>bì</rt></ruby><ruby>怪<rt>guài</rt></ruby><ruby>奇<rt>qí</rt></ruby><ruby>伟<rt>wěi</rt></ruby><ruby>丽<rt>lì</rt></ruby><ruby>者<rt>zhě</rt></ruby><ruby>也<rt>yě</rt></ruby>。<ruby>餔<rt>bǔ</rt></ruby><ruby>糟<rt>zāo</rt></ruby><ruby>啜<rt>chuò</rt></ruby><ruby>醨<rt>lí</rt></ruby>①，<ruby>皆<rt>jiē</rt></ruby><ruby>可<rt>kě</rt></ruby><ruby>以<rt>yǐ</rt></ruby><ruby>醉<rt>zuì</rt></ruby>。

在着乐趣，不一定非要奇异、伟丽不可。食酒糟、饮淡酒，都能醉人；瓜果

<ruby>果<rt>guǒ</rt></ruby><ruby>蔬<rt>shū</rt></ruby><ruby>草<rt>cǎo</rt></ruby><ruby>木<rt>mù</rt></ruby>，<ruby>皆<rt>jiē</rt></ruby><ruby>可<rt>kě</rt></ruby><ruby>以<rt>yǐ</rt></ruby><ruby>饱<rt>bǎo</rt></ruby>。<ruby>推<rt>tuī</rt></ruby><ruby>此<rt>cǐ</rt></ruby><ruby>类<rt>lèi</rt></ruby><ruby>也<rt>yě</rt></ruby>，<ruby>吾<rt>wú</rt></ruby><ruby>安<rt>ān</rt></ruby><ruby>往<rt>wǎng</rt></ruby><ruby>而<rt>ér</rt></ruby><ruby>不<rt>bú</rt></ruby>

蔬菜，都能让人吃饱。以此类推，我在哪里寻不到快乐呢？

<ruby>乐<rt>lè</rt></ruby>？

① 餔：食，吃。糟：酒糟。啜：饮。醨：淡酒。

92

fú suǒ wèi qiú fú ér cí　huò zhě　　　yǐ fú kě xǐ ér huò kě
夫所为求福而辞 ① 祸者，以福可喜而祸可
人们之所以要寻求福禄，躲避灾祸，是因为福禄让人欣喜，灾祸让

bēi yě　　rén zhī suǒ yù wú qióng　ér wù zhī kě yǐ zú wú yù zhě yǒu
悲也。人之所欲无穷，而物之可以足吾欲者有
人悲哀。人的欲望是无穷无尽的，而能够满足人们欲望的东西却是有限的。

jìn　měi è zhī biàn zhàn yú zhōng　ér qù qǔ zhī zé jiāo hū qián　zé
尽。美恶之辨战于中，而去取之择交乎前，则
如果心中总存在着美与丑的斗争，眼前总是在进行取与舍的抉择，那么快乐

kě lè zhě cháng shǎo　ér kě bēi zhě cháng duō　shì wèi qiú huò ér cí
可乐者常少，而可悲者常多。是谓求祸而辞
的事常常是很少的，而忧愁悲伤的事往往是非常多的。这就是所谓的追求祸

fú　fú qiú huò ér cí fú　qǐ rén zhī qíng yě zāi　wù yǒu yǐ gài　zhī
福。夫求祸而辞福，岂人之情也哉？物有以盖 ② 之
患而抛弃福禄。追求祸患和抛弃福禄，难道是人之常情吗？这是人们被外物

yǐ　bǐ yóu yú wù zhī nèi　ér bù yóu yú wù zhī wài　wù fēi yǒu
矣。彼游于物之内，而不游于物之外。物非有
所蒙蔽啊！那些人是活在那些“物”的里面，而没有活在它们的外面。物并

dà xiǎo yě　zì qí nèi ér guān zhī　wèi yǒu bù gāo qiě dà zhě yě
大小也，自其内而观之，未有不高且大者也。
没有大小的分别，但如果在它的内部看它，没有不觉得它又高又大的。它倚

bǐ xié qí gāo dà yǐ lín wǒ　zé wǒ cháng xuàn luàn fǎn fù ③　rú xì
彼挟其高大以临我，则我常眩乱反复 ③，如隙
仗着它的高大来俯视我们，就会让我们头昏目眩，难辨是非，如同从缝隙中

zhōng zhī guān dòu　yòu wū ④ zhī shèng fù zhī suǒ zài　shì yǐ měi è
中之观斗，又乌 ④ 知胜负之所在？是以美恶
观看别人打斗，又怎能知道决定胜负在哪一方呢？所以美好和丑恶交替产生，

héng shēng　ér yōu lè chū yān　kě bú dà āi hū
横生，而忧乐出焉，可不大哀乎？
忧愁和快乐也就出现了。这不是让人非常悲哀的事情吗？

①辞：躲避。②盖：蒙蔽，遮盖。③眩乱：迷乱。反复：指悲喜忧乐变化无常。④乌：怎么。

予自钱塘移守胶西，释舟楫之安，而服
我从钱塘调任密州知州以后，放弃了乘舟船的安逸，忍受着骑马坐

车马之劳；去雕墙之美，而庇采椽①之居；背
车的奔波劳苦；辞别了华丽的厅堂，栖身于简陋的房屋；离开了湖光山色的

湖山之观，而行桑麻之野。始至之日，岁比②
美好景致，来到这遍种桑麻的田野之中。刚来的时候，庄稼连年歉收，盗贼

不登，盗贼满野，狱讼充斥，而斋厨索然，
遍地，诉讼案件多得很。厨房中也空空如也，天天就只能吃点野菜。别人必

日食杞菊③，人固疑予之不乐也。处之期年，
定会认为我是不快乐的。但是在这个地方住了一年，我的面庞却变得愈加的

而貌加丰，发之白者，日以反黑。予既乐其风
丰润，头上的白发也在日益返黑。我已经喜欢上了这里淳朴的民风，而这里

俗之淳，而其吏民亦安予之拙也。于是治其园
的吏民也习惯了我的笨拙。于是我整理园林，清扫庭院，砍伐安丘、高密的

圃，洁其庭宇，伐安丘、高密之木，以修补破
树木，来修补破败的地方，作为暂时修缮这园林的办法。在园子的北边，靠

bài　　　wéi gǒu wán zhī jì　　　　　ér yuán zhī běi　　　yīn chéng yǐ wéi tái zhě
败，为苟完之计。而园之北，因城以为台者
着城墙所筑的高台已经很破旧了，我将它稍加修缮，使它焕然一新。有时和

jiù yǐ　　　shāo qì ér xīn zhī　　　shí xiāng yǔ dēng lǎn　　　fàng yì sì zhì
旧矣，稍葺而新之。时相与登览，放意肆志
朋友宾客们一起登台玩赏，在那里放飞自己的思绪，让自己的心志自由驰骋。

yān　　nán wàng mǎ ěr　　chángshān　　chū mò yǐn xiàn　　ruò jìn ruò yuǎn
焉。南望马耳、常山，出没隐见，若近若远，
向南能望见马耳山、常山，它们若隐若现，若近若远，我想那山里应该会有

shù jǐ yǒu yǐn jūn zǐ hū　　ér qí dōng zé lú shān　　qín rén lú áo ④
庶几有隐君子乎？而其东则庐山，秦人卢敖④
隐居的君子吧？向东望去则能看见庐山，那是秦人卢敖遁世隐居的地方。向

zhī suǒ cóng dùn yě　　xī wàng mù líng　　yǐn rán rú chéng guō　　shī shàng
之所从遁也。西望穆陵，隐然如城郭，师尚
西望有穆陵，隐隐约约像一座城郭，姜太公、齐桓公的丰功伟业，还在那里

fù　　qí wēi gōng ⑤　　zhī yí liè　　yóu yǒu cún zhě　　běi fǔ wéi shuǐ ⑥
父、齐威公⑤之遗烈，犹有存者。北俯潍水⑥，
保存着。向北能俯视潍水，观之令人慨然叹息，回想起淮阴侯韩信的赫赫战

kǎi rán tài xī　　sī huái yīn ⑦　　zhī gōng　　ér diào ⑧　　qí bù zhōng　　tái
慨然大息，思淮阴⑦之功，而吊⑧其不终。台
功，为他的不得善终而衰叹。这个台子高大而且安稳，深广而且明亮，夏凉

gāo ér ān　　shēn ér míng　　xià liáng ér dōng wēn　　yù xuě zhī zhāo
高而安，深而明，夏凉而冬温。雨雪之朝，
而冬暖。雨雪的天气，清风明月的夜晚，我没有不在这里的时候，宾客们也

fēng yuè zhī xī　　yú wèi cháng bú zài　　kè wèi cháng bù cóng　　xié ⑨
风月之夕，予未尝不在，客未尝不从。撷⑨
总是陪我到这里。我们采摘园中的蔬菜，捕捞池塘中的鲜鱼，酿黄米酒，煮

yuán shū　　qǔ chí yú　　niàng shú jiǔ ⑩　　yuè ⑪ tuō sù ér shí zhī
园蔬，取池鱼，酿秫酒⑩，瀹⑪脱粟而食之，
粗米饭，边品尝边说："在这里游赏是多么快乐啊！"

曰："乐哉！游乎！"
yuē lè zāi yóu hū

①采椽：指简陋的房屋。②比：连续，频频。③杞菊：分别指两种植物。杞，一种嫩茎叶可以食用的小灌木。这里泛指野菜。④卢敖：燕人，秦始皇召其为博士，为秦始皇求仙药不得，逃避到密州东部的卢山。⑤师尚父：姜子牙。齐威公：指齐桓公。这里改桓为威，是宋代人为避宋钦宗赵桓名讳的缘故。⑥潍水：潍河，在山东东部。⑦淮阴：指西汉大将淮阴侯韩信。韩信曾于潍河岸破楚军二十万，汉初因谋反罪被杀。⑧吊：怜悯、伤痛。⑨撷：采摘。⑩秣酒：黄米酒。⑪瀹：煮。

方是时，予弟子由①，适在济南，闻而赋
fāng shì shí yú dì zǐ yóu shì zài jǐ nán wén ér fù
这个时候，我的弟弟子由正在济南做官，听到了这情景便作了一篇赋，

之，且名其台曰"超然"。以见予之无所往而
zhī qiě míng qí tái yuē chāo rán yǐ jiàn yú zhī wú suǒ wǎng ér
给这个台子起名叫作"超然台"。以此来表示我无论去到哪里都能非常快乐，

不乐者，盖游于物之外也。
bú lè zhě gài yóu yú wù zhī wài yě
大概是因为我超然于物外的缘故。

①子由：苏辙，字子由，苏轼之弟。当时在齐州（今济南）做官。

—————深入浅出读古文—————

这篇文章写于苏轼在密州做知州之时。苏轼在文章开头说世间万物"皆有可乐"，这个"乐"字总揽全篇。苏轼通过写自己在密州的生活和政绩，表达了其超然物外、无往不乐的人生态度。

本文的结构十分巧妙，开头一反常态，并不急于介绍超然台得名之因，而是突出表现"乐"的主题，之后又对这个"乐"字进行发挥——景、情、理逐次列出。最后，作者以超然台得名之因结尾，使人们的心情趋于淡泊，映衬了题目中的"超然"二字。

知识加油站

东坡肉

东坡肉又名红烧肉，是江南地区的传统名菜，相传为北宋文学家苏轼创制。苏轼在杭州做官时，有一年浙西大雨，太湖泛滥。苏轼指挥疏通西湖，筑苏堤，让西湖面貌一新。杭州百姓因此很感激他。过年时，大家就抬猪担酒来给他拜年。苏轼指点家人将猪肉切成方块，烧得红酥酥的，然后分送给大家吃，大家吃后都赞不绝口，并亲切地称之为"东坡肉"。

fàng hè tíng jì
放鹤亭记

宋 苏轼

xī níng① shí nián qiū péng chéng② dà shuǐ yún lóng shān rén
熙宁①十年秋，彭城②大水。云龙山人
熙宁十年的秋天，彭城发了大水。云龙山人张君的草堂，被水淹到

zhāng jūn zhī cǎo táng shuǐ jí qí bàn fēi míng nián chūn shuǐ luò
张君之草堂，水及其半扉。明年春，水落，
了房门的一半。到了第二年的春天，大水落去，山人迁到了故居的东边，东

qiān yú gù jū zhī dōng dōng shān zhī lù shēng gāo ér wàng dé yì jìng
迁于故居之东，东山之麓。升高而望，得异境
山的脚下。登高远望，发现了一个奇异的地方，于是在那里修建起一座亭子。

yān zuò tíng yú qí shàng péng chéng zhī shān gāng lǐng sì hé yǐn rán
焉，作亭于其上。彭城之山，冈岭四合，隐然
彭城山，山冈、山岭四面合抱，隐隐约约像个大圆圈，唯独缺了西边的一面，

rú dà huán dú quē qí xī yí miàn ér shān rén zhī tíng shì③ dāng
如大环，独缺其西一面，而山人之亭，适③当
而山人的亭子，正好对着那个缺口。春夏之交，这里草木繁茂，似乎与天相

qí quē chūn xià zhī jiāo cǎo mù jì tiān qiū dōng xuě yuè qiān lǐ yí
其缺。春夏之交，草木际天，秋冬雪月，千里一
接；在秋冬的瑞雪与皎月覆盖之下，千里浑然一色。风起雨落、明暗交替之

色。风雨晦明④之间，俯仰百变。山人有二鹤，

间，景物瞬息万变。山人有两只鹤，已被驯服而且善于飞翔，早晨的时候向

甚驯而善飞，旦则望西山之缺而放焉，纵其所

着西山的缺口将它们放飞，任凭它们自由往来，它们或者站在水边田里，或

如，或立于陂⑤田，或翔于云表，暮则傃⑥东山

者飞翔在云天之上，到了太阳下山的时候就朝着东山飞回来，因此，这座亭

而归，故名之曰"放鹤亭"。

子被叫作"放鹤亭"。

①熙宁：宋神宗年号（1068年—1077年）。②彭城：今江苏徐州。

③适：恰好。④晦明：昏暗和明朗。⑤陂：水边。⑥傃：向。

郡守苏轼，时从宾佐僚吏往见山人，饮

郡守苏轼，时常带着宾客随从前往拜望山人，在放鹤亭中饮酒作乐。

酒于斯亭而乐之。揖①山人而告之曰："子

他向山人作揖并告诉他说："您知道隐居的快乐吗？即使是面南背北的君位，

知隐居之乐乎？虽南面之君，未可与易也！

也是不值得以此交换的。《易》上说：'鹤在山的北边鸣叫，小鹤就会随声

《易》曰：'鸣鹤在阴，其子和之。'《诗》②

应和。'《诗经》上说：'鹤在沼泽的深处鸣叫，它的叫声能传到九天之上。'

99

曰：'鹤鸣于九皋 ③，声闻于天。'盖其为物
大概是鹤这种动物性情清高而又散漫悠闲，很是超然于尘世之外，所以作《易》

清远闲放，超然于尘埃之外，故《易》《诗》
《诗经》的作者们常用它来比拟贤人、君子。有德的隐士，亲近它并且玩赏它，

人以比贤人君子。隐德之士，狎 ④ 而玩之，宜
应当是有益而无害的，然而卫懿公却因为喜欢鹤而亡了国。周公作了《酒诰》，

若有益而无损者，然卫懿公好鹤则亡其国 ⑤。
卫武公作《抑》为戒，都认为使人迷乱荒废、疏于朝政国事的东西，没有再

周公作《酒诰》⑥，卫武公作《抑》戒 ⑦，以
比酒更厉害的了，而刘伶、阮籍之类的人，却因为酒而成全了他们秉性的纯真，

为荒惑败乱，无若酒者，而刘伶、阮籍 ⑧ 之
并且名传于后世。唉！面南背北的君主，即使是清高闲逸得如鹤一样，也不

徒，以此全其真而名后世。嗟夫！南面之君，
能有特殊喜好，喜好了就会亡国。而山林中遁世的隐者们，即使是像酒一样

虽清远闲放如鹤者，犹不得好，好之则亡其
让人意乱神迷、荒废疏怠的东西，也可以不被它所损害，何况是对鹤的喜欢

国。而山林遁世之士，虽荒惑败乱如酒者，
呢？从这件事上看来，做君主的快乐和做隐士的快乐是不能同日而语的啊！"

犹不能为害，而况于鹤乎？由此观之，其为

lè wèi kě yǐ tóng rì ér yǔ yě
乐未可以同日而语也。"

① 挹：酌酒。②《诗》：《诗经》。③ 九皋：沼泽。④ 狎：亲近。
⑤ 卫懿公好鹤则亡其国：春秋时卫懿公养鹤成癖，不理朝政。后北狄挥戈南下，直逼卫国。他若无其事，仍在宫中观鹤舞、听鹤鸣。狄人打入卫国境内，他被迫与北狄大战于荥泽，卫军惨败，他也因此丧命。⑥《酒诰》：《尚书》篇名。⑦《抑》戒：《诗经·大雅·抑》篇。⑧ 刘伶、阮籍：皆西晋"竹林七贤"中人。

shān rén xīn rán ér xiào yuē   yǒu shì zāi   nǎi zuò fàng
山人欣然而笑曰："有是哉！"乃作放
山人听了这番话高兴地笑着说："正是这个道理啊！"于是我作了

hè   zhāo hè zhī gē yuē   hè fēi qù xī   xī shān zhī quē gāo
鹤、招鹤之歌曰："鹤飞去兮，西山之缺。高
放鹤、招鹤的歌，歌词中说："鹤向西山的缺口飞去，翱翔在高高的蓝天中，

xiáng ér xià lǎn xī   zé suǒ shì   fān rán liǎn yì   wǎn jiāng jí xī
翔而下览兮，择所适。翻然敛翼，宛将集兮，
俯瞰选择安适的地方休憩。突然收起翅膀，好像准备降落下来，忽然像是看

hū hé suǒ jiàn   jiǎo rán ér fù jī   dú zhōng rì yú jiàn gǔ zhī jiān
忽何所见，矫然而复击。独终日于涧① 谷之间
到了什么，又矫健地冲向长空。它一天到晚生活在山涧与峡谷中，口啄青苔

xī   zhuó cāng tái ér lǚ bái shí   hè guī lái xī   dōng shān zhī yīn
兮，啄苍苔而履白石。鹤归来兮，东山之阴。
而脚踏白石。鹤归来啊，飞到东山的北面。东山下面有人啊，戴着黄色的帽

qí xià yǒu rén xī   huáng guān cǎo lǚ   gě yī ér gǔ qín gōng gēng
其下有人兮，黄冠② 草履，葛衣而鼓琴。躬耕
子，穿着草编的鞋，身披粗布衣服弹琴。自己耕种食物自己吃啊，剩下的让

<ruby>而<rt>ér</rt></ruby><ruby>食<rt>shí</rt></ruby><ruby>兮<rt>xī</rt></ruby>，<ruby>其<rt>qí</rt></ruby><ruby>余<rt>yú</rt></ruby><ruby>以<rt>yǐ</rt></ruby><ruby>汝<rt>rǔ</rt></ruby><ruby>饱<rt>bǎo</rt></ruby>。<ruby>归<rt>guī</rt></ruby><ruby>来<rt>lái</rt></ruby><ruby>归<rt>guī</rt></ruby><ruby>来<rt>lái</rt></ruby><ruby>兮<rt>xī</rt></ruby>，<ruby>西<rt>xī</rt></ruby><ruby>山<rt>shān</rt></ruby><ruby>不<rt>bù</rt></ruby><ruby>可<rt>kě</rt></ruby>

你吃个饱。回来吧，回来吧，西山那个地方不可以久留。"

<ruby>以<rt>yǐ</rt></ruby><ruby>久<rt>jiǔ</rt></ruby><ruby>留<rt>liú</rt></ruby>。"

① 涧：水流。② 黄冠：道士所戴之冠。

深入浅出读古文

这篇文章是苏轼在徐州做知府时写的。本文先叙述放鹤亭的由来、四周的景色，然后又说国君纵酒好鹤会导致亡国，而隐士纵酒好鹤却可以怡情自娱。作者通过此文，表达了对自由自在的隐逸乐趣的向往。

本文文字精约，写景特征突出，叙事简明清晰；引用典故恰到好处，用活泼的对答歌咏方式抒情达意，格调轻松自由，使人读起来饶有兴味。

知识加油站

古代六经

古代六经，是指《诗》《书》《礼》《易》《乐》《春秋》的合称，是由儒家学派创始人孔子整理而传授的六部先秦古籍，后人称之为"六经"。这六部经典著作的全名依次为《诗经》《书经》（即《尚书》）《仪礼》《易经》（即《周易》）《乐经》《春秋》。

shí zhōng shān jì

石 钟 山 记

宋 苏轼

《水经》① 云："彭蠡② 之口有石钟
《水经》上说："鄱阳湖的湖口，有一座石钟山。"郦道元认为石

山焉。"郦元以为下临深潭，微风鼓浪，水
钟山下临深潭，每当微风吹动波浪，那波浪冲击着山石，于是发出像洪钟一

石相搏，声如洪钟。是说也，人常疑之。今
样的声响。这种说法，人们常常有所怀疑。现在将钟、磬放在水中，即使大

以钟磬置水中，虽大风浪不能鸣也，而况
风浪也不能使它们鸣响，何况是石头呢！到了唐朝，李渤开始寻访郦道元所

石乎。至唐李渤③ 始访其遗踪，得双石于潭
记述的石钟山的旧址，在深潭之上得到了两块石头，使两块石头相叩击，然

上。扣而聆之，南声函胡④，北音清越，桴⑤
后侧耳聆听，只觉得南边的声音模糊不清，北边的声音清脆悠扬。停止叩击

zhǐ xiǎng téng yú yùn xú xiē   zì yǐ wéi dé zhī yǐ   rán shì shuō
止响腾，余韵徐歇。自以为得之矣。然是说
后仍余音袅袅，许久才消失。李渤自以为解开了石钟之说的奥秘所在。但是

yě yú yóu yí zhī   shí zhī kēng rán yǒu shēng zhě   suǒ zài jiē
也，余尤疑之。石之铿然⑥有声者，所在皆
他的这种说法，我还是有所怀疑。能够发出铿然之声的石头，比比皆是，但

shì yě ér cǐ dú yǐ zhōng míng hé zāi
是也，而此独以钟名，何哉？
是只有此地以钟为名，这是为什么？

①《水经》：古代专门记江河水道的书籍。②彭蠡：今江西鄱阳
湖。③李渤：字浚之，唐代洛阳人，他曾撰文对石钟山名字的由
来做过解释。④函胡：重浊而含混。⑤枹：本意为鼓槌，这里作
敲击讲。⑥铿然：敲击金石所发出的响亮声音。

yuán fēng   qī nián liù yuè dīng chǒu   yú zì qí ān zhōu xíng shì lín
元丰①七年六月丁丑，余自齐安舟行适临
元丰七年六月初九这一天，我从齐安乘船到临汝去，而大儿子苏迈

rǔ ér zhǎng zǐ mài jiāng fù ráo zhī dé xīng wèi sòng zhī zhì hú
汝②，而长子迈将赴饶之德兴尉③。送之至湖
将要到饶州德兴县去任县尉。我送他到了石钟山所在地湖口县，因而得以看

kǒu yīn dé guān suǒ wèi shí zhōng zhě sì sēng shǐ xiǎo tóng chí fǔ
口，因得观所谓石钟者。寺僧使小童持斧，
到了所谓的石钟山。庙里的僧人让一个小童拿着斧头，在乱石中随便挑选了

yú luàn shí jiān zé qí yī èr kòu zhī kōng kōng rán yú gù xiào ér
于乱石间择其一二扣之，硿硿④然。余固笑而
一两块，互相叩击，发出了硿硿的响声。我当然觉得可笑，并不相信这就是

不信也。至其夜，月明，独与迈乘小舟至绝

石钟山名字的由来。到了那天夜里，月光明亮，我只带了苏迈乘着小船来到

壁下。大石侧立千尺，如猛兽奇鬼，森然欲搏

绝壁之下。那巨大的石壁耸立在水边，高达千尺，如同凶猛的野兽和奇异的

人。而山上栖鹘⑤，闻人声亦惊起，磔磔⑥云

鬼怪一样，阴森森的，好像要向人扑来。而在山上栖息的鹰，听到人的声音

霄间。又有若老人咳且笑于山谷中者，或曰，

也惊叫着飞了起来，在云霄间磔磔叫着。山谷中还传来像老人一边咳嗽一边

此鹳鹤⑦也。余方心动欲还，而大声发于水

笑的声音，有人说这是鹳鹤。我刚刚有些觉得害怕而想要回去的时候，水上

上，噌吰⑧如钟鼓不绝。舟人大恐。徐而察

忽然发出了巨大的响声，声音洪亮如同钟鼓齐鸣，连续不断。船夫十分惊恐。

之，则山下皆石穴罅⑨，不知其浅深，微波入

我让船缓慢地靠近并且观察情况，原来山的下面都是些孔洞石缝，无法知道

焉，涵澹⑩澎湃而为此也。舟回至两山间，将

它们的深浅，细小的水波冲入其中，荡漾澎湃其间便发出了这种声音。船回

入港口，有大石当中流，可坐百人，空中而

到两山之间，将要进入港口的时候，有一块大石头横在水中间，它的上面可

多窍，与风水相吞吐，有窾坎镗鞳⑪之声，与

以坐百十人，中空而多孔，与风和水互相吞吐，发出窾坎镗鞳的声音，与方

xiàng zhī chēng hóng zhě xiāng yìng　　rú yuè zuò yān　　　yīn xiào wèi mài yuē
向之噌吰者相应，如乐作焉。因笑谓迈曰：
才听到的钟鼓之声互相应和，好似演奏音乐一般。我因此笑着对苏迈说："你

　　rǔ shí zhī hū　　　chēng hóng zhě　　　zhōu jǐng wáng zhī wú yì⑫　yě
"汝识之乎？噌吰者，周景王之无射⑫也；
知道这个石钟山的声音了吗？发出如钟鼓一样声响的，是周景王的无射大钟；

kuǎn kǎn tāng tà zhě　　　wèi zhuāng zǐ⑬　zhī gē zhōng yě　　gǔ zhī rén bù
窾坎镗鞳者，魏庄子⑬之歌钟也。古之人不
发出窾坎镗鞳声音的，是魏庄子的编钟。古人真是没有欺骗我啊！"

yú qī yě
余欺也！"

①元丰：宋神宗年号（1078年—1085年）。②齐安：今湖北黄冈。
临汝：今河南临汝。③迈：即苏迈，苏轼的长子，字维康。饶：饶州，
治所在今江西鄱阳县。德兴：今江西德兴。④硿硿：金石互相撞
击的声音。⑤鹘：隼。⑥磔磔：鸟鸣声。⑦鹳鹤：鸟名。形似鹤，
嘴长而直，顶不红，常活动于水旁，夜宿高树。⑧噌吰：形容钟
声洪亮。⑨罅：裂缝，缝隙。⑩涵澹：水波荡漾的样子。⑪窾坎
镗鞳：象声词。窾坎：击物声。镗鞳：钟鼓声。⑫无射：这里指钟。
⑬魏庄子：春秋时魏大夫。

　　shì bú mù jiàn ěr wén　　　ér yì duàn①　qí yǒu wú　　kě hū
事不目见耳闻，而臆断①其有无，可乎？
凡事不目见耳闻就主观判断它的有无，这样可以吗？郦道元的所见

lì yuán zhī suǒ jiàn wén　　dài②　yǔ yú tóng　　ér yán zhī bù xiáng
郦元之所见闻，殆②与余同，而言之不详；
所闻大概和我的相同，但是没有详细记述下来；士大夫始终不肯在夜晚驾小

shì dà fū zhōng bù kěn yǐ xiǎo zhōu yè bó jué bì zhī xià　　gù mò néng
士大夫终不肯以小舟夜泊绝壁之下，故莫能

舟到绝壁之下，所以不可能知晓；渔人、船夫虽然知道真相，但却不会记述。

zhī　　ér yú gōng shuǐ shī　　suī zhī ér bù néng yán ③　　cǐ shì suǒ yǐ
知；而渔工水师，虽知而不能言 ③。此世所以

这就是石钟山名字的由来不能流传于世的原因。而见识浅薄的人竟然用斧头

bù chuán yě　　ér lòu zhě nǎi yǐ fǔ jīn kǎo ④ jī ér qiú zhī　　zì
不传也。而陋者乃以斧斤考 ④ 击而求之，自

一类的东西敲击石头来探求名字的由来，自己还以为得到了真相。我因此把

yǐ wéi dé qí shí ⑤　　yú shì yǐ jì zhī　　gài tàn lì yuán zhī jiǎn
以为得其实 ⑤。余是以记之，盖叹郦元之简，

这些记录了下来，叹惜郦道元记事的简略，讥笑李渤的见识浅陋啊！

ér xiào lǐ bó zhī lòu yě
而笑李渤之陋也。

①臆断：根据主观猜测来判断。②殆：大概。③言：指用文字表
述、记载。④考：敲，击。⑤实：指事情的真相。

深入浅出读古文

本文的结构安排十分巧妙。文章开头先提出质疑，用"人常疑之""余尤疑之""余固笑而不信"，对前人之说进行否定，引出到实地考察、探明事情真相，继而指出"事不目见耳闻，而臆断其有无"乃是错误之举，前后呼应，层层深入，一气呵成，增强了读者的阅读兴趣。

这篇文章写于苏轼由黄州到汝州的途中。他到达彭蠡的时候，游了一趟石钟山，此文写的就是游石钟山引发的感慨。文章旨在告诫人们对于没有亲身体验的事物，不要轻易下结论。

知识加油站

石钟山

石钟山，位于江西省九江市湖口县，长江与鄱阳湖交汇处。它实际上是两座山，都由石灰岩构成，下部均有洞穴，形如覆钟，面临深潭，微风鼓浪，水石相击，响声如洪钟，所以被称为"石钟山"。

前赤壁赋
qián chì bì fù

宋 苏轼

壬戌①之秋，七月既望，苏子与客泛舟游
rén xū　　zhī qiū　　qī yuè jì wàng　　sū zǐ yǔ kè fàn zhōu yóu

壬戌年的秋天，七月十六，我和客人泛舟于赤壁之下。清风徐徐地

于赤壁之下。清风徐来，水波不兴。举酒属②客，
yú chì bì zhī xià　　qīngfēng xú lái　　shuǐ bō bù xīng　　jǔ jiǔ zhǔ kè

吹来，水面上没有波浪。举起酒杯，邀客人同饮，吟诵起《明月》诗篇的"窈

诵明月之诗③，歌窈窕之章④。少焉，月出于
sòng míng yuè zhī shī　　gē yǎo tiǎo zhī zhāng　　shǎo yān　　yuè chū yú

窕"一章。过了一会儿，月亮从东山上升起，徘徊在斗宿、牛宿之间。白濛

东山之上，徘徊于斗牛⑤之间。白露横江，水
dōngshān zhī shàng　　pái huái yú dǒu niú　　zhī jiān　　bái lù héngjiāng　　shuǐ

濛的雾气笼罩着江面，波光闪动的水面遥接着天边。我们任凭犹如苇叶的小

光接天。纵一苇⑥之所如，凌万顷之茫然。
guāng jiē tiān　　zòng yì wěi　　zhī suǒ rú　　líng wàn qǐng zhī máng rán

舟自由漂流，游走在浩瀚无垠的江面上。江水浩瀚啊，船儿像凌空驾风而行，

浩浩乎如冯虚⑦御风，而不知其所止；飘飘乎
hào hào hū rú píng xū　　yù fēng　　ér bù zhī qí suǒ zhǐ　　piāo piāo hū

却不知道停留在什么地方；人儿飘飘摇摇啊，像独自站在尘世之外，要生出

111

rú yí shì dú lì　　　 yǔ huà　 ér dēng xiān
如遗世独立，羽化 ⑧ 而登仙。
翅膀飞升成仙。

① 壬戌：宋神宗元丰五年（1082 年）。② 属：敬酒，劝酒。③ 明
月之诗：指《诗经·陈风·月出》。④ 窈窕之章：《陈风·月出》
的诗首章，其中有"舒窈纠兮"之句，"窈纠"意同"窈窕"。
⑤ 斗牛：即斗宿和牛宿。⑥ 一苇：小船。⑦ 冯虚：凌空。冯：通
"凭"。⑧ 羽化：传说成仙的人能像长了翅膀一样飞升。

yú shì yǐn jiǔ lè shèn　　 kòu xián ér gē zhī　　 gē yuē　　　　 guì
于是饮酒乐甚，扣舷而歌之。歌曰："桂
这时候，喝着酒，心中更加快乐，便敲着船舷唱起歌来。歌词说："桂

zhào xī lán jiǎng　　 jī kōngmíng xī sù　　 liú guāng　 miǎomiǎo xī yú huái
棹兮兰桨，击空明兮溯 ① 流光。渺渺兮予怀，
树做的棹啊兰木做的桨，拍击着清澈明亮的江水啊，在月光浮动的江面上逆

wàng měi rén xī tiān yì fāng　　　　 kè yǒu chuī dòng xiāo zhě　　 yī gē ér hè
望美人兮天一方。"客有吹洞萧者，依歌而和
水而行。我的情思悠远深沉啊，心中思念的美人，却在遥远的地方。"客人

zhī　　 qí shēng wū wū rán　　 rú yuàn rú mù　　 rú qì rú sù　　 yú
之。其声呜呜然，如怨如慕，如泣如诉，余
中有会吹洞箫的，随着歌声吹奏起来，那箫声呜咽，像在埋怨，像在思慕，

yīn niǎo niǎo　　 bù jué rú lǚ　　 wǔ yōu hè zhī qián jiāo　　 qì gū zhōu zhī
音袅袅，不绝如缕。舞幽壑之潜蛟，泣孤舟之
像在抽泣，像在倾诉。一曲奏完，余音悠长，像轻丝一样不能断绝。深渊里

lí fù
嫠妇 ②。
潜藏的蛟龙为之起舞，孤舟中的寡妇为之哭泣。

　　sū zǐ qiǎo rán　　　zhèng jīn wēi zuò ér wèn kè yuē　　　　hé wéi
苏子愀然③，正襟危坐而问客曰："何为
我不禁黯然神伤，于是整理好衣襟，端坐着问客人说："为什么奏

　　qí rán yě　　　kè yuē　　　　　yuè míng xīng xī　　wū què nán fēi
其然也？"客曰："'月明星稀，乌鹊南飞'，
出这样悲凉的音乐呢？"客人回答说："'月明星稀，乌鹊南飞'，这不是

　　cǐ fēi cáo mèng dé zhī shī hū　　xǐ wàng xià kǒu　　dōng wàng wǔ chāng
此非曹孟德之诗乎？西望夏口，东望武昌，
曹孟德的诗句吗？从这里向西望去是夏口，向东望去是武昌，山水相接，连

　　shān chuān xiāng liáo　　yù hū cāng cāng　cǐ fēi mèng dé zhī kùn yú zhōu
山川相缪④，郁乎苍苍。此非孟德之困于周
绵不断，景色郁郁苍苍，这不就是曹孟德被周瑜打败的地方吗？当他夺取荆

　　láng zhě hū　　fāng qí pò jīng zhōu　　xià jiāng líng　　shùn liú ér dōng yě
郎者乎？方其破荆州，下江陵，顺流而东也，
州，攻下江陵，顺江东下的时候，战船连接千里，旌旗遮蔽天空；他把酒临

　　zhú lú　　qiān lǐ　　jīng qí bì kōng　　shī　　jiǔ lín jiāng　　héng shuò
舳舻⑤千里，旌旗蔽空，酾⑥酒临江，横槊⑦
江，横握长矛赋诗，那真是一世的豪杰啊，可如今却在哪里呢？何况我和你

　　fù shī　　gù yí shì zhī xióng yě　　ér jīn ān zài zāi　　kuàng wú yǔ
赋诗，固一世之雄也，而今安在哉？况吾与
在江中的小洲上捕鱼砍柴，以鱼虾为伴，以麋鹿为友，驾着一叶小舟，举着

　　zǐ yú qiáo yú jiāng zhǔ zhī shàng　　lǚ yú xiā ér yǒu mí lù　　jià yí yè
子渔樵于江渚之上，侣鱼虾而友麋鹿，驾一叶
酒杯互相敬酒，将如同蜉蝣一样短暂的生命寄托于天地之间，渺小得像沧海

　　zhī piān zhōu　　jǔ páo zūn　　yǐ xiāng zhǔ　　jì fú yóu　　yú tiān dì
之扁舟，举匏樽⑧以相属。寄蜉蝣⑨于天地，
里的一粒粟米，悲叹我们生命的短暂，羡慕长江的不尽东流。愿与神仙相伴

　　miǎo cāng hǎi zhī yí sù　　āi wú shēng zhī xū yú　　xiàn cháng jiāng zhī wú
渺沧海之一粟，哀吾生之须臾，羡长江之无
而遨游，也想同明月相守而长存。知道这样的愿望是不能突然实现的，于是

qióng xié fēi xiān yǐ áo yóu bào míng yuè ér cháng zhōng zhī bù kě
穷。挟飞仙以遨游，抱明月而长终。知不可

只能借着箫声将这无穷的遗恨寄托在悲凉的风中。"

hū zhòu dé   tuō yí xiǎng yú bēi fēng
乎骤得，托遗响于悲风。"

① 溯：逆水而上。② 嫠妇：寡妇。③ 愀然：形容神色变得严肃。
④ 缪：通"缭"。⑤ 舳舻：泛指船只。⑥ 酾：斟酒。⑦ 槊：长矛。
⑧ 匏樽：像瓢一样的酒器。⑨ 蜉蝣：虫名，生存期极短。

sū zǐ yuē   kè yì zhī fú shuǐ yǔ yuè hū   shì zhě rú
苏子曰："客亦知夫水与月乎？逝者如

我对客人说："你也知道那水和月的道理吗？时间像江水一样不停

sī①   ér wèi cháng wǎng yě yíng xū zhě② rú bǐ ér zú mò
斯①，而未尝往也；盈虚者②如彼，而卒莫

地流走，可它并未逝去啊；月亮时而圆时而缺，但它始终是那个月亮，并没

xiāo zhǎng yě gài jiāng zì qí biàn zhě ér guān zhī zé tiān dì zēng bù
消长也。盖将自其变者而观之，则天地曾不

有消损和增长。如果从变化的角度去看，那么天地间的万事万物，没有一刻

néng yǐ yí shùn zì qí bú biàn zhě ér guān zhī zé wù yǔ wǒ jiē
能以一瞬；自其不变者而观之，则物与我皆

能够保持不变；如果从不变的角度去看，那么万物和我们本身都不会有终结

wú jìn yě   ér yòu hé xiàn hū   qiě fú tiān dì zhī jiān wù gè yǒu
无尽也，而又何羡乎？且夫天地之间，物各有

的时候，又有什么可羡慕的呢？再说那天地之间的万事万物都有自己的主宰，

zhǔ   gǒu fēi wú zhī suǒ yǒu   suī yì háo ér mò qǔ   wéi jiāng shàng
主，苟非吾之所有，虽一毫而莫取。惟江上

如果不是我们的东西，即便是一丝一毫也不去求取。只有江上的清风与山间

115

zhī qīng fēng　　yǔ shān jiān zhī míng yuè　　ěr dé zhī ér wéi shēng　　mù yù
之清风，与山间之明月，耳得之而为声，目遇
的明月，耳朵听到了，就成为了声音，眼睛看到了，就成为了色彩，得到它

zhī ér chéng sè　　qǔ zhī wú jìn　　yòng zhī bù jié　　shì zào wù zhě zhī
之而成色，取之无禁，用之不竭。是造物者之
们没有人禁止，享用它们没有竭尽的时候。这是大自然无穷无尽的宝藏啊，

wú jìn zàng yě　　ér wú yǔ zǐ zhī suǒ gòng shì
无尽藏也，而吾与子之所共适 ③ **。"**
是我和你可以共同享受的东西。"

① 逝者如斯：语出《论语·子罕》："子在川上曰：'逝者如斯夫，
不舍昼夜。'" ② 盈虚者：指月亮。③ 适：享受。

kè xǐ ér xiào　　xǐ zhǎn gèng zhuó　　yáo hé jì jìn
客喜而笑，洗盏更酌。肴核 ① **既尽，**
客人们听了这番话都高兴地笑了起来，于是洗净了酒杯，重斟再饮。

bēi pán láng jí　　xiāng yǔ zhěn jiè hū zhōu zhōng　　bù zhī dōng fāng zhī jì
杯盘狼藉。相与枕藉乎舟中，不知东方之既
菜肴和水果都已吃完，酒杯和盘子杂乱地放着。我与客人们相互枕着靠着在

bái
白。
船里睡着了，不知不觉东方已然露出白色。

① 肴：菜肴。核：果品。

深入浅出读古文

宋神宗年间，苏轼因为"乌台诗案"，被贬谪到黄州，担任黄州团练副使。在此期间，他游览附近山水，写下不少名篇，《前赤壁赋》就是这个时期写的。作者与客人在月夜泛舟赤壁，沉浸在赤壁美好的景色之中，在与客人的一问一答中表现了自己旷达洒脱的哲学感悟。

《前赤壁赋》吸取了散文的笔调和手法，打破了赋在句式、声律等方面的束缚，使文章兼具诗歌的深致情韵和散文的透辟理念。此文通篇皆有奇气，作者凭吊江山，恨人生之如寄；留连风月，喜造物之无私，一悲一喜，意境悠然旷然。

知识加油站

成语词汇

正襟危坐：指整一整衣服，端正地坐着。形容严肃或拘谨的样子。（选自文句："苏子愀然，正襟危坐而问客曰：'何为其然也？'"）

沧海一粟：意为大海里的一粒谷子，比喻非常渺小，微不足道。（选自文句："寄蜉蝣于天地，渺沧海之一粟，哀吾生之须臾，羡长江之无穷。"）

后赤壁赋

宋 苏轼

是岁十月之望,步自雪堂①,将归于临皋②。
这一年的十月十五,我从雪堂出来,准备回临皋去。有两位客人跟

二客从予,过黄泥之坂。霜露既降,木叶尽
从着我,经过黄泥坂。这时,霜露已经降下,树叶完全落了,人影倒映在地

脱,人影在地,仰见明月。顾而乐之,行歌相
上,抬头看到一轮明月已经赫然挂在天上。我和客人们相视而笑,一边走一

答。已而③叹曰:"有客无酒,有酒无肴。月
边唱和着。过了一会儿,我不禁叹息说:"有客人没有酒,有酒又没有菜,

白风清,如此良夜何?"客曰:"今者薄暮,
月儿这么亮,风儿这么清,叫我们如何享受这美好的夜晚呢?"一位客人说:

举网得鱼,巨口细鳞,状如松江之鲈。顾④
"今天黄昏的时候,我捕到了一条鱼,大大的嘴巴,细细的鳞片,样子很像

ān suǒ dé jiǔ hū　　　　guī ér móu zhū fù　　fù yuē　　wǒ yǒu dǒu

安所得酒乎？"归而谋诸妇。妇曰："我有斗

松江鲈鱼。可是到哪里去弄酒呢？"我回到家后与妻子商议。妻子说："我

jiǔ　　cáng zhī jiǔ yǐ　　　yǐ dài zǐ bù shí zhī xū

酒，藏之久矣，以待子不时之需。"

有一斗酒，保存好久了，就是用以应付你临时的需要的。"

①雪堂：苏轼被贬到黄州做团练副使时在黄冈城外所筑，因堂在
雪中建成，他又将四壁画上了雪景，故名。②临皋：亭名。苏轼
初到黄州的时候住在定惠院，后迁到临皋亭。③已而：过了一会儿。
④顾：但是，可是。

yú shì xié jiǔ yǔ yú　　　fù yóu yú chì bì zhī xià　　jiāng liú yǒu

于是携酒与鱼，复游于赤壁之下。江流有

于是带了酒和鱼，又去赤壁下面游赏。江里的流水发出声响，江岸

shēng　　duàn àn qiān chǐ　　shān gāo yuè xiǎo　　shuǐ luò shí chū　　céng rì yuè

声，断岸千尺，山高月小，水落石出。曾日月

上的峭壁高达千尺。山峰高耸，月亮显得很小；江水落去，石头露了出来。

zhī jǐ hé　　　ér jiāng shān bù kě fù shí yǐ　　　yú nǎi shè yī ① ér

之几何，而江山不可复识矣！予乃摄衣①而

这才过了多少时日啊，而这江与山的面貌却变了很多，都认不出了。我于是

shàng　　lǚ chán ② yán　　pī méng róng ③　　jù hǔ bào ④　　dēng qiú lóng ⑤

上，履巉②岩，披蒙茸③，踞虎豹④，登虬龙⑤，

撩起衣襟，舍舟上岸，走在险峻的山路上，拨开杂乱的野草；一会儿蹲在形

pān qī hú ⑥ zhī wēi cháo　　fǔ píng yí ⑦ zhī yōu gōng　　gài èr kè bù

攀栖鹘⑥之危巢，俯冯夷⑦之幽宫，盖二客不

如虎豹的山石上，一会儿又爬上状如虬龙的古树，攀到高高的鹘鸟栖宿的悬

néng cóng yān　huá rán cháng xiào　cǎo mù zhèn dòng　shān míng gǔ yìng
能从焉。划然长啸，草木震动，山鸣谷应，
崖，低头看水神冯夷的宫府。那两位客人没有跟上来。我放声长啸，啸声划

fēng qǐ shuǐ yǒng　yú yì qiǎo rán ér bēi　sù rán ér kǒng　lǐn hū qí
风起水涌。予亦悄然而悲，肃然而恐，凛乎其
过长空，草木为之震动，高山为之鸣响，深谷为之呼应，风为之吹起，水为

bù kě liú yě　fǎn⑧ ér dēng zhōu　fàng hū zhōng liú　tīng qí suǒ
不可留也。反⑧而登舟，放乎中流，听其所
之奔涌。我也默默地感到有些悲伤，随之又感到恐惧，再也不想在这阴森肃

zhǐ ér xiū yān　shí yè jiāng bàn　sì gù jì liáo　shì yǒu gū hè
止而休焉。时夜将半，四顾寂寥。适有孤鹤，
杀的地方停留。于是我们返回到江边小舟之上，把船撑到了江心，听凭它随

héng jiāng dōng lái　chì rú chē lún　xuán cháng gǎo⑨ yī　jiá rán cháng
横江东来，翅如车轮，玄裳缟⑨衣，戛然长
水漂流，它停在哪里我们就在哪里休息。这时将近半夜了，环顾四周，一片

míng　lüè yú zhōu ér xī yě
鸣，掠予舟而西也。
寂寥。恰巧有一只白鹤，横穿大江，从东飞来，翅膀有如车轮大小，黑裙白
衣，嘎嘎地叫着，掠过我的小船向西飞去了。

①摄衣：撩起衣服。②巉：险峻。③蒙茸：杂乱的草丛。④踞：
蹲或坐。虎豹：指形状像虎豹的石头。⑤虬龙：指形状像虬龙的树木。
⑥鹘：隼。⑦冯夷：水神。⑧反：通"返"。⑨玄：黑色。缟：
白色。

xū yú① kè qù　yú yì jiù shuì　mèng yī dào shì　yǔ yī
须臾①客去，予亦就睡。梦一道士，羽衣
一会儿，客人走了，我也沉沉睡去。梦中见到了一个道士，穿着羽

<ruby>蹁跹<rt>pián xiān</rt></ruby>，<ruby>过临皋之下<rt>guò lín gāo zhī xià</rt></ruby>，<ruby>揖予而言曰<rt>yī yú ér yán yuē</rt></ruby>："<ruby>赤壁之游<rt>chì bì zhī yóu</rt></ruby>

毛做的衣服，轻快地从临皋亭下经过，他向我拱手行礼说："这次的赤壁之

<ruby>乐乎<rt>lè hū</rt></ruby>？"<ruby>问其姓名<rt>wèn qí xìng míng</rt></ruby>，<ruby>俯而不答<rt>fǔ ér bù dá</rt></ruby>。"<ruby>呜呼噫嘻<rt>wū hū yī xī</rt></ruby>！

游尽兴吗？"我问他的姓名，他低着头不回答。"唉呀！我知道了。昨天晚

<ruby>我知之矣<rt>wǒ zhī zhī yǐ</rt></ruby>。<ruby>畴昔<rt>chóu xī</rt></ruby>②<ruby>之夜<rt>zhī yè</rt></ruby>，<ruby>飞鸣而过我者<rt>fēi míng ér guò wǒ zhě</rt></ruby>，<ruby>非子<rt>fēi zǐ</rt></ruby>

上，一边鸣叫一边飞过我的小船的，不就是你吗？"道士回头对我笑了笑，

<ruby>也耶<rt>yě yé</rt></ruby>？"<ruby>道士顾笑<rt>dào shì gù xiào</rt></ruby>，<ruby>予亦惊寤<rt>yú yì jīng wù</rt></ruby>③。<ruby>开户视之<rt>kāi hù shì zhī</rt></ruby>，

我也从梦中惊醒。打开房门一看，哪里还有他的踪影。

<ruby>不见其处<rt>bú jiàn qí chù</rt></ruby>。

①须臾：一会儿。②畴昔：往日，这里指昨日。③寤：觉，醒。

深入浅出读古文

苏轼在秋夜游赏过赤壁之后，于当年的冬天再次游览此地，并写下了这篇文章。此文上来先写再次游赤壁的原因，然后写泛舟、登览赤壁时的见闻，最后写梦中见到羽化成仙的道士，借以表达自己超然脱俗的感想。本文与《前赤壁赋》呼应，都体现了作者旷达超脱的人生境界。

《后赤壁赋》借鹤与道士之梦，表现了作者的旷达。本文长于写景，句句如画，字字似诗。作者通过夸张与渲染，使人有身临其境之感。文中描写江山胜景，巧用排比与对仗，增添了别样的情趣。

知识加油站

成语词汇

不时之需：说不定什么时候会出现的需要。（选自文句："妇曰：'我有斗酒，藏之久矣，以待子不时之需。'"）

山高月小：形容夜景的气势。（选自文句："江流有声，断岸千尺，山高月小，水落石出。"）

黄州快哉亭记
huáng zhōu kuài zāi tíng jì

宋 苏辙

江出西陵①，始得平地，其流奔放肆大，
jiāng chū xī líng　　　　shǐ dé píng dì　　qí liú bēn fàng sì dà

长江从西陵峡流出才开始进入平阔的原野，它的流势变得奔放浩大，

南合湘、沅②，北合汉、沔③，其势益张。至
nán hé xiāng yuán　　　běi hé hàn miǎn　　qí shì yì zhāng　　zhì

南面汇合了湘江和沅江，北面汇合了汉水和沔水，水势显得更加壮阔。等到

于赤壁之下，波流浸灌④，与海相若。清河张
yú chì bì zhī xià　　bō liú jìn guàn　　　yǔ hǎi xiāng ruò　　qīng hé zhāng

了赤壁之下，波涛吞吐汹涌，就像大海似的。清河张梦得君贬官后居住在齐

君梦得，谪居齐安，即其庐之西南为亭，以览
jūn mèng dé　　　zhé jū qí ān　　jí qí lú zhī xī nán wèi tíng　　yǐ lǎn

安，他在住宅的西南方修建了一座亭子，用来观赏江水奔流的盛景。我的兄

观江流之胜。而余兄子瞻⑤名之曰"快哉"。
guānjiāng liú zhī shèng　　ér yú xiōng zǐ zhān　　míng zhī yuē　　kuài zāi

长子瞻给这座亭子起名为"快哉亭"。

① 西陵：长江三峡之一，在今湖北宜昌西北。② 湘、沅：指湘水、沅江，在今湖南境内。③ 汉、沔：汉水、沔水，源自陕西，流经湖北。④ 浸灌：此处指水势浩大。⑤ 子瞻：苏轼。

gài tíng zhī suǒ jiàn　　nán běi bǎi lǐ　　dōng xī yí shè　　tāo
盖亭之所见，南北百里，东西一舍①，涛
从亭中观望，能看到长江南北百里之遥、东西三十里之远，波浪起

lán xiōng yǒng　　fēng yún kāi hé　　zhòu zé zhōu jí chū mò yú qí qián
澜汹涌，风云开阖②。昼则舟楫出没于其前，
伏翻腾，风云聚散无常。白天有船只出没于亭前，夜晚有鱼龙在亭下哀鸣。

yè zé yú lóng bēi xiào yú qí xià　　biàn huà shū hū　　dòng xīn hài
夜则鱼龙悲啸于其下。变化倏忽③，动心骇
景物瞬息万变，动人心魄，令人瞠目而不敢长时间地观看。如今，我才得以

mù　　bù kě jiǔ shì　　jīn nǎi dé wán zhī jǐ xí zhī shàng　　jǔ mù ér
目，不可久视。今乃得玩之几席之上，举目而
坐在亭中几席之上，尽情玩赏，放眼看个够。向西遥望武昌一带的群山，冈

zú　　xī wàng wǔ chāng zhū shān　　gāng líng qǐ fú　　cǎo mù háng liè
足。西望武昌诸山，冈陵起伏，草木行列，
峦起伏，草木排列于山上，当云烟散尽，太阳出来的时候，渔人、樵夫的房

yān xiāo rì chū　　yú fū　　qiáo fù zhī shè　　jiē kě zhǐ shù　　cǐ qí
烟消日出，渔夫、樵父之舍，皆可指数。此其
子，都能清清楚楚地数出来。这就是把它叫作"快哉"的原因啊。至于那狭

suǒ yǐ wéi kuài zāi zhě yě　　zhì yú cháng zhōu zhī bīn　　gù chéng
所以为"快哉"者也。至于长洲之滨，故城
长的沙洲沿岸，故城的废墟，曾是曹孟德、孙仲谋所觊觎，周瑜、陆逊带兵

zhī xū　　cáo mèng dé　　sūn zhòng móu zhī suǒ pì nì　　zhōu yú　　lù xùn
之墟，曹孟德、孙仲谋之所睥睨④，周瑜、陆逊
驰骋的地方，那些流传下来的传说和遗迹，也足以让世间的普通人称快了。

zhī suǒ chí wù   qí liú fēng yí jì   yì zú yǐ chēng kuài   shì sú
之所驰骛⑤，其流风遗迹，亦足以称快⑥世俗。

①舍：古代行军三十里为一舍。②阖：闭合。③倏忽：很快。
④睥睨：侧目观察。⑤驰骛：驰骋。骛：疾驰。⑥称快：使动用
法，使……称快。

xī chǔ xiāng wáng cóng sòng yù   jǐng chāi   yú lán tái zhī gōng
昔楚襄王从宋玉、景差①于兰台之宫，
从前，楚襄王和宋玉、景差在兰台宫游玩，有一阵清风飒然吹来，

yǒu fēng sà rán zhì zhě   wáng pī jīn dāng zhī   yuē   kuài zāi   cǐ
有风飒然至者，王披襟当之，曰："快哉，此
襄王敞开衣襟迎着风说："这风吹得多痛快呀！这是我和平民百姓所共享

fēng   guǎ rén suǒ yǔ shù rén gòng zhě yé   sòng yù yuē   cǐ dú
风！寡人所与庶人共者耶？"宋玉曰："此独
的吧！"宋玉说："这是大王的雄风，百姓怎么能与您共享呢？"宋玉的

dà wáng zhī xióng fēng ěr   shù rén ān dé gòng zhī   yù zhī yán
大王之雄风耳，庶人安得共之？"玉之言，
话大概是有所讥讽吧。风并没有雌雄的分别，而人却有得志与不得志之分。

gài yǒu fěng yān   fú fēng wú xióng cí zhī yì   ér rén yǒu yù bú yù zhī
盖有讽焉。夫风无雄雌之异，而人有遇不遇之
楚王之所以感到快乐，平民百姓之所以感到忧虑，正因为人的境遇有所不

biàn   chǔ wáng zhī suǒ yǐ wéi lè   yǔ shù rén zhī suǒ yǐ wéi yōu   cǐ
变。楚王之所以为乐，与庶人之所以为忧，此
同，跟风有什么关系呢？士人生活在世间，假如他的内心不能自得其乐，

zé rén zhī biàn yě   ér fēng hé yù yān   shì shēng yú shì   shǐ qí
则人之变也，而风何与焉？士生于世，使其
那么到了哪里没有忧愁呢？假使自己心中坦然，不会因为外物的影响而妨

zhōng bú zì dé   jiāng hé wǎng ér fēi bìng ②   shǐ qí zhōng tǎn rán

中不自得，将何往而非病②？使其中坦然，

碍自己的性情，那么到什么地方不快乐呢？如今张君不把贬官当成是自己

bù yǐ wù shāng xìng   jiāng hé shì ér fēi kuài   jīn zhāng jūn bù yǐ zhé

不以物伤性，将何适而非快？今张君不以谪

的忧患，在办理完钱财、税赋等公务之后寄情于山水之间，这大概是因为

wéi huàn   shōu kuài jì ③ zhī yú   ér zì fàng shān shuǐ zhī jiān   cǐ qí

为患，收会稽③之余，而自放山水之间，此其

他心中有过人的地方。即使以蓬草编门，以破瓮作窗，也没有什么不快乐的，

zhōng yí yǒu yǐ guò rén zhě   jiāng péng hù wèng yǒu ④   wú suǒ bú kuài

中宜有以过人者。将蓬户瓮牖④，无所不快，

更何况在长江清澈的流水中濯洗，与西山上的白云为伴，竭尽耳目所能获

ér kuàng hū zhuó cháng jiāng zhī qīng liú   yì ⑤   xī shān zhī bái yún   qióng

而况乎濯长江之清流，挹⑤西山之白云，穷

得的快乐而使自己舒畅呢？如果不是这样，那么，连绵的群山，幽深的峡谷，

ěr mù zhī shèng yǐ zì shì yě zāi   bù rán   lián shān jué hè   cháng

耳目之胜以自适也哉？不然，连山绝壑，长

茂盛的山林，古老的树木，当清风吹动它们，当明月照映它们，这些都会

lín gǔ mù   zhèn zhī yǐ qīng fēng   zhào zhī yǐ míng yuè   cǐ jiē sāo rén

林古木，振之以清风，照之以明月，此皆骚人

成为满怀愁思的人为之悲伤憔悴而变成不能承受的景色，哪里会看到它们

sī shì ⑥ zhī suǒ yǐ bēi shāng qiáo cuì ér bù néng shèng zhě   wū dǔ qí

思士⑥之所以悲伤憔悴而不能胜者，乌睹其

而感到快乐呢？

wèi kuài yě zāi

为快也哉？

①宋玉：战国时楚国大夫，辞赋家。景差：战国时楚国辞赋家。②病：忧愁，苦闷。③会稽：会计，指钱财、赋税等事务。④瓮牖：用破瓮做的窗户。形容家道贫寒。⑤挹：汲取。⑥骚人思士：诗人和心怀忧思之人。

—— 深入浅出读古文 ——

本文的"快哉"二字主全篇之脑。从"江出西陵"到"烟消日出"三句，写登亭而观长江之景，此处笔力奇诡雄壮，让人读起来有宠辱偕忘、心旷神怡的感觉，这是通过观景而生发"快哉"之感。余下的部分，是从"快哉"生发出的议论。曹孟德、孙仲谋、周瑜、陆逊都是足以让后人心生"快哉"的历史人物，苏辙以古吊今，这是对"快哉"二字进行升华。接下来用宋玉和楚襄王的对话，为"人有遇不遇之变"做铺垫，从而引出了本文的主旨，即不要计较遇或不遇的得失，保持坦荡旷达的胸襟。此篇文字疏朗，格调清新。行文洒脱飘逸，酣畅淋漓。

知识加油站

乌台诗案

乌台诗案发生于元丰二年（1079年）。御史何正臣等上表弹劾苏轼，说苏轼到湖州上任后谢恩的上表中，用语暗藏有讥刺朝政的意思，随后又以大量苏轼诗文为证。这个案件先由监察御史告发，后苏轼在御史台狱受审。据史料记载，御史台中有柏树，有数千野乌鸦栖居于这柏树上，故称御史台为"乌台"，"乌台诗案"由此得名。

游褒禅山记

宋 王安石

褒禅山①亦谓之华山。唐浮图慧褒②始
褒禅山也叫华山。唐代和尚慧褒当初在这里筑室居住，死后又葬于

舍于其址，而卒葬之。以故其后名之曰褒禅。
此地。因为这个缘故，后人就称这座山为褒禅山。今天人们所说的慧空禅院，

今所谓慧空禅院者，褒之庐冢③也。距其院
就是慧褒和尚的房舍和坟墓。距离禅院东边五里的地方，就是人们所说的

东五里，所谓华山洞者，以其乃华山之阳④
华山洞，因为它在华山南面，所以这样命名。距离山洞洞口一百多步的地方，

名之也。距洞百余步，有碑仆道⑤，其文漫灭⑥，
有一座石碑倒在路旁，碑上的文字模糊不清，只有"花山"两个字还能勉

独其为文犹可识，曰"花山"。今言"华"如
强辨认出来。现在将"华"字读为"华实"的"华"，大概是读音上的错

huá shí　　zhī　huá　zhě　　gài yīn miù yě
"华实"之"华"者，盖音谬也。
误吧。

①褒禅山：在今安徽含山县。②浮图：这里指和尚。慧褒：唐朝著名僧人。③庐冢：庐，屋舍；冢，坟墓。④阳：山的南面。古代称山的南面、水的北面为"阳"。⑤仆道：倒在路上。⑥文：碑文。漫灭：指因风化剥落而模糊不清。

qí xià píng kuàng　　yǒu quán cè chū　　　ér jì yóu zhě shèn zhòng
其下平旷，有泉侧出，而记游者甚众，
那个山洞平坦而空阔，有一股山泉从旁边涌出，到这里来游览、题

suǒ wèi qián dòng yě　　yóu shān yǐ shàng wǔ liù lǐ　　yǒu xué yǎo rán
所谓前洞也。由山以上五六里，有穴窈然①，
记的人很多，这就是人们说的"前洞"。由山路向上五六里的地方，有个洞

rù zhī shèn hán　　wèn qí shēn　　zé qí hào yóu zhě bù néng qióng yě
入之甚寒，问其深，则其好游者不能穷也，
穴，一派幽深的样子，进去便感到很冷，问它的深度，就连那些喜欢游历探

wèi zhī hòu dòng　　yú yǔ sì rén　　yōng huǒ yǐ rù　　rù zhī yù shēn
谓之后洞。余与四人，拥火以入，入之愈深，
险的人也没能走到尽头，这就是人们所说的"后洞"。我与四个人拿着火把

qí jìn yù nán　　ér qí jiàn yù qí　　yǒu dài ér yù chū zhě　　yuē
其进愈难，而其见愈奇。有怠而欲出者，曰：
走进去，入洞越深，前进的道路就变得越发难走，而所见到的景象也越奇妙。

bù chū　　huǒ qiě jìn　　　suì yǔ zhī jù chū　　gài yú suǒ zhì
"不出，火且尽。"遂与之俱出。盖予所至，
有个累了想要出来的人说："再不出去，火把就要烧完了。"于是大家便跟

131

bǐ hào yóu zhě shàng bù néng shí yī rán shì qí zuǒ yòu lái ér jì
比好游者尚不能十一，然视其左右，来而记
着他一同出来了。我们走进去的深度，比起那些喜欢游历探险的人来说，大

zhī zhě yǐ shǎo gài ② qí yòu shēn zé qí zhì yòu jiā shǎo yǐ fāng
之者已少。盖②其又深，则其至又加少矣。方
概还不足他们的十分之一；然而看看左右的洞壁，在这里题记的人已经很少

shì shí yú zhī lì shàng zú yǐ rù huǒ shàng zú yǐ míng yě jì
是时，予之力尚足以入，火尚足以明也。既
了，大概洞内更深的地方，到达的人就更少。这个时候，我的体力还足以

qí chū zé huò jiù ③ qí yù chū zhě ér yú yì huǐ qí suí zhī
其出，则或咎③其欲出者，而予亦悔其随之，
往里走，火把也足够继续照明。我们出洞以后，就有人埋怨那个想要出来的

ér bù dé jí hū yóu zhī lè yě
而不得极乎游之乐也。
人，我也后悔跟他出来，而未能极尽游洞的乐趣。

①窈然：幽深的样子。②盖：大概。③咎：责怪。

yú shì yú yǒu tàn yān gǔ rén zhī guān yú tiān dì、shān chuān
于是予有叹焉：古人之观于天地、山川、
于是我有所感慨：古人观察天地、山川、草木、虫鱼、鸟兽，往往

cǎo mù、chóng yú、niǎo shòu wǎngwǎng yǒu dé yǐ qí qiú sī zhī shēn
草木、虫鱼、鸟兽，往往有得，以其求思之深
有所收获，这是因为他们探究思考得深入而且广泛。那些平坦而又容易到达

ér wú bú zài yě fú yí yǐ jìn zé yóu zhě zhòng xiǎn yǐ yuǎn
而无不在也。夫夷以近，则游者众；险以远，
的地方，游览的人会很多；那些危险而又偏远的地方，游览的人便会很少。

则至者少。而世之奇伟、瑰怪、非常之观，
但是世上那些奇妙雄伟、瑰丽而非同寻常的景观，往往就在那危险僻远、人

常在于险远，而人之所罕至焉，故非有志者不
迹罕至的地方，所以没有毅力恒心的人是无法到达的。有毅力恒心，不盲从

能至也。有志矣，不随以止也，然力不足者，
别人而停止，但是体力不足的，也无法到达。有了毅力和体力，也不盲从别

亦不能至也。有志与力，而又不随以怠①，至
人而有所懈怠，但到了那幽深昏暗、令人迷惑的地方，却没有必要的物件来

于幽暗昏惑而无物以相②之，亦不能至也。然
支持，也是无法到达的。然而在力量足以到达的时候却没有达到，在别人看

力足以至焉，于人为可讥，而在己为有悔。尽
来是可以讥笑的，对自己来说也是有所悔恨的。已经尽了自己的努力而仍然

吾志也而不能至者，可以无悔矣，其孰能讥之
未能达到的，便可以没有悔恨了，谁还能讥笑他呢？这就是我这次游山的心

乎？此予之所得也。
得。

① 怠：懈怠。② 相：辅助。

yú yú pū bēi　　yòu yǒu bēi fú gǔ shū zhī bù cún　　hòu shì zhī

余于仆碑，又有悲夫古书之不存，后世之

我对于倒在地上的石碑，又产生了些许感慨。古代书籍文献的散失，

miù①　qí chuán ér　mò néng míng zhě　　hé kě shēng　dào yě zāi　　cǐ

谬①其传而莫能名者，何可胜②道也哉？此

后世的人以讹传讹，竟无法说明，这样的事情还说得完吗？这就是做学问的

suǒ yǐ xué zhě bù kě yǐ bù shēn sī　ér shèn qǔ zhī yě

所以学者不可以不深思而慎取之也。

人为什么不能不深入思考、慎重引用的原因啊。

①谬：使……谬误。②胜：尽。

sì rén zhě　　lú líng①　xiāo jūn guī jūn yù　　cháng lè②　wáng huí

四人者：庐陵①萧君圭君玉，长乐②王回

同游的四人是：庐陵的萧君圭，字君玉，长乐县的王回，字深父，

shēn fù　　yú dì ān guó píng fù　　ān shàng chún fù③

深父，余弟安国平父、安上纯父③。

我的弟弟安国，字平甫；安上，字纯甫。

①庐陵：今江西吉安。②长乐：今福建长乐。③安国平父、安上

纯父：两人都是王安石的胞弟。

—— 深入浅出读古文 ——

这是一篇借游赏来说理的文章。先写褒禅山的得名由来以及跟几位友人一起游褒禅山前后二洞的经历；后面转而说理，指出要想欣赏世间的奇伟瑰怪，就要有百折不饶的精神。

在本文中，王安石深入挖掘了不能尽游的原因，即"非有志者不能至也"。更难能可贵的是，他把这个道理延伸到做学问之中，指出做学问要有百折不挠的精神。

此文的精彩之处，就在于能从小事中看到大道理，从事物表象中挖掘其深层的本质，这充分体现了王安石思维的敏锐与深邃。

知识加油站

褒禅山

褒禅山，旧名华山，位于安徽省马鞍山市含山县城东北处，历史悠久，景致宜人。唐朝贞观年间，高僧慧褒禅师结庐山下，死后葬于此；其弟子改华山为褒禅山。褒禅山主要山峦有三座。东为灵芝山，树木参天，古以盛产木灵芝得名；中为起云峰，高耸挺拔；西有碗儿岭。

阅江楼记
_{yuè jiāng lóu jì}

明 宋濂

作者档案

宋濂（1310年—1381年），明初文学家。字景濂，号潜溪。元至正九年（1349年）被荐为翰林编修，他固辞不就，隐居山中。朱元璋称帝后，任命他为文学顾问、江南儒学提举，给太子讲经。洪武二年（1369年）奉旨修《元史》。晚年受孙子宋镇牵连被贬茂州（今四川境内），途中病故。长于散文，被明太祖称为"开国文臣之首"。有《宋学士文集》传世。

金陵①为帝王之州。自六朝迄于②南

金陵是帝王建都的地方。从六朝到南唐，在这里定都的君主大抵都

唐，类皆偏据一方，无以应山川之王气。逮

是偏安一方，不能够与这里山川间所蕴含的帝王之气相合。到了我朝皇帝定

wǒ huáng dì dìng dǐng③ yú zī shǐ zú yǐ dāng zhī yóu shì shēng
我皇帝，定鼎③于兹，始足以当之。由是声
都于此，才足以与这王气相称。从此声威和教化不分南北到达了所有地方，

jiào suǒ jì wǎng⑤ jiàn shuò nán cún shén mù qīng yǔ tiān tóng
教所暨④，罔⑤间朔南，存神穆清，与天同
神明前来定居，气象淳和清明，与天地融为一体；即使是一次游赏一次娱乐，

tǐ suī yī yù yì yóu yì kě wéi tiān xià hòu shì fǎ jīng chéng zhī
体，虽一豫一游，亦可为天下后世法。京城之
也足以为天下后世所效法。京城的西北有座狮子山，从卢龙山弯弯曲曲地延

xī běi yǒu shī zǐ shān zì lú lóng⑥ wān yán ér lái cháng jiāng rú hóng
西北有狮子山，自卢龙⑥蜿蜒而来。长江如虹
伸过来，长江如虹霓一样在它下面盘曲环绕。皇上因为这个地方雄伟壮丽，

guàn pán rào qí xià shàng yǐ qí dì xióng shèng zhào jiàn lóu yú diān
贯，蟠绕其下。上以其地雄胜，诏建楼于巅，
下令在山顶建起高楼，同百姓一道享受游览江山的乐趣。于是赐给了它一个

yǔ mín tóng yóu guān zhī lè suì cì⑦ jiā míng wéi yuè jiāng yún
与民同游观之乐，遂锡⑦嘉名为"阅江"云。
美妙的名字，叫作"阅江楼"。

①金陵：今江苏南京。②六朝：吴、东晋及南朝的宋、齐、梁、陈六朝，皆建都于今江苏南京。迄：直至。③定鼎：传说禹铸九鼎以象征天下九州之土，古代以鼎为传国之宝，置于国都，所以称建都为"定鼎"。④暨：及，到。⑤罔：无，没有。⑥卢龙：卢龙山，在今江苏南京。⑦锡：赐。

dēng lǎn zhī qǐng wàn xiàng sēn liè qiān zǎi zhī mì yí dàn
登览之顷，万象森列，千载之秘，一旦
登临游览的那一瞬间，万千景象便依次地罗列开来，金陵上千年来

轩露^①。岂非天造地设，以俟大一统之君，而
被称为帝王之洲的奥秘，豁然显露了出来。这难道不是天造地设，来等待一

开千万世之伟观者欤？当风日清美，法驾^②幸
统天下的君主，以展示千秋万代的雄伟景观吗？每当风和日丽的时候，天子

临，升其崇椒^③，凭阑遥瞩，必悠然而动遐
的车驾亲临此地，他登上这高高的山顶，倚着栏杆向远方眺望，一定会悠然

思。见江汉之朝宗，诸侯之述职，城池之高
心动而引发遐想。看到江汉之水向东流入大海，万国诸侯来此述职，看到城

深，关阨^④之严固，必曰："此朕栉风沐雨^⑤、
池的高深，关塞的牢固，一定会说："这都是我顶风冒雨、战胜强敌才得到

战胜攻取之所致也。中夏之广，益思有以保
的啊。中华大地如此广阔，更觉得要想办法去保全它。"看到波涛浩浩荡荡，

之。"见波涛之浩荡，风帆之上下，番舶接迹
风帆来来往往，番邦的船只接连不断地前来朝见，四方的珍宝源源不断地贡

而来庭，蛮琛^⑥联肩而入贡，必曰："此朕德
入京师，一定会说："这是我用恩德安抚、用威严震慑、恩泽遍及四海内外

绥威服，覃^⑦及内外之所及也。四陲之远，益
才达到的啊。如今四方僻远的边境，更感到要想办法以怀柔的方式笼络那里

思有以柔之。"见两岸之间、四郊之上，耕人
的人们。"看到长江两岸、京城四郊的原野之上，种田的人有烈日炙烤皮肤

139

有炙肤皲^⑧足之烦，农女有捋桑行馌^⑨之勤，
寒冷冻裂手脚的劳苦；农家妇女有采摘桑叶、给田里人送饭的辛勤，一定会

必曰："此朕拔诸水火，而登于衽^⑩席者也。
说："这是我把他们从水火中拯救出来，使他们能在床席上安睡啊。对天下

万方之民，益思有以安之。"触类而思，不一
的百姓，更觉得要想办法使他们安居乐业。"看到类似的事情，就会引发联

而足。臣知斯楼之建，皇上所以发舒精神，因
想，不只是在某一两个方面。我知道这座楼的建造，是皇上用来振奋精神、

物兴感，无不寓其致治之思，奚止阅夫长江
借外物引发感慨的，无处不寄寓着他要让天下得到大治的思想，哪里仅仅是

而已哉！
为了观赏长江呢？

①轩露：显露。②法驾：天子的车驾。③椒：山巅。④阨：险
要的地方。⑤栉风沐雨：以风梳头，以雨洗发，形容不避风雨，
奔波劳碌。⑥琛：珠宝等贡物。⑦罩：延。⑧皲：手足的皮肤冻
裂。⑨行馌：给在田里耕种的人送饭。⑩衽：床席。

彼临春、结绮^①，非不华矣；齐云、落星^②，
那临春楼、结绮楼，不是不华丽啊；那齐云楼、落星楼，也不是不

非不高矣。不过乐管弦之淫响，藏燕赵之艳
高大啊。但它们不过是用来演奏靡靡之音，藏匿燕赵的艳丽女子的地方，没

姬，不旋踵③间而感慨系之，臣不知其为何说
有多久就成为陈迹，徒让人们慨叹罢了，我不知道应当怎样来解释这些事情。

也。虽然，长江发源岷山，委蛇④七千余里而
虽然如此，长江发源于岷山，曲曲折折地流经了七千多里才注入大海，白浪

入海，白涌碧翻。六朝之时，往往倚之为天
汹涌，碧波翻腾，六朝的时候，往往依靠它做天然的壕堑。如今南北已是一

堑。今则南北一家，视为安流，无所事乎战争
家，它也就被看作是平静安宁的水流，没有什么军事上的实际意义了。那么，

矣。然则果谁之力欤？逢掖⑤之士，有登斯楼
这究竟是谁的力量呢？读书人登上这座高楼而去看这江的，应当感念皇上的

而阅斯江者，当思圣德如天，荡荡难名，与
恩德有如苍天一样，广阔浩大而难以形容，与大禹疏浚江河的功劳一样，都

神禹疏凿之功同一罔极。忠君报上之心，其
是无穷无尽的。此情此景，忠君报主的心情，又怎能不油然而生呢？

有不油然而兴者耶？

①临春、结绮：南朝陈后主所建之阁。②齐云、落星：与上面

的临春、结绮都是有名的华丽楼阁。③旋踵：掉转脚跟，比喻时间极短。④委蛇：同"逶迤"，连绵曲折。⑤逢掖：古代读书人所穿的一种有宽大袖子的衣服。

chén bù mǐn　　fèng zhǐ zhuàn jì　　yù shàng tuī xiāo gàn① tú zhì

臣不敏，奉旨撰记。欲上推宵旰① 图治

我愚钝，奉了圣旨来撰写这篇记，希望借此列述主上日夜辛勤、励

zhī gōng zhě　　lè zhū zhēn mín②　　tā ruò liú lián guāng jǐng zhī cí　　jiē

之功者，勒诸贞珉② 。他若留连光景之辞，皆

精图治的功业，铭刻在精美的碑石上。至于那些留连风光景物的辞句，都省

lüè ér bù chén　　jù xiè③ yě

略而不陈，惧亵③ 也。

略而不再陈说，这是怕亵渎了主上建造这座楼的本意啊！

①宵旰：宵衣旰食，即天不亮就穿衣起床，天晚了才吃饭歇息，指勤于政务。②珉：像玉的石头。③亵：亵渎。

深入浅出读古文

阅江楼是明朝开国皇帝朱元璋为游览山水而修建的一处高楼。这篇文章是宋濂奉旨写下的一篇记文。在文中，宋濂写阅江楼的胜景，其意在于点缀盛世，为明朝歌功颂德。同时，宋濂还融入了忠君忧民的思想，希望皇帝能安抚内外、体恤民生，与范仲淹的《岳阳楼记》有异曲同工之妙。

此文记楼，一起一结都有气象。景物描写颇有特色，宽阔舒展，气势恢宏。而从"阅"字上生出一个"思"字，发出议论，乃小中见大。

本文结构严谨，由议论转入叙述，在叙述中穿插景物描写，遣词造句雍容华美，显示了应制文的特色。

知识加油站

成语词汇

栉风沐雨：大雨洗发，疾风梳头。后用以形容经常在外面奔波劳碌。（选自文句："必曰：'此朕栉风沐雨、战胜攻取之所致也。中夏之广，益思有以保之。'"）

不一而足：指同类的事物不止一个而是很多，无法列举齐全。（选自文句："触类而思，不一而足。"）

cāng láng tíng jì
沧浪亭记

明 归有光

作者档案

归有光（1507年—1571年），字熙甫，又字开甫，又号项脊生，别号震川，世称"震川先生"。明代散文家、古文家。与王慎中、唐顺之并称"嘉靖三大家"。在散文创作方面有极深造诣，文风朴实自然，浑然天成，无故意雕凿痕，感情真挚，在当时被称为"今之欧阳修"，后人称赞其散文为"明文第一"，著有《震川集》《三吴水利录》等。

fú tú ① wén yīng jū dà yún ān huán shuǐ jí sū zǐ měi ②
浮图①文瑛居大云庵，环水，即苏子美②
僧人文瑛住在大云庵，那里四面环水，就是苏舜钦筑沧浪亭的地

cāng láng tíng zhī dì yě jí qiú yú zuò cāng láng tíng jì yuē
沧浪亭之地也。亟求余作《沧浪亭记》，曰：
方。他多次请我写一篇《沧浪亭记》，说："从前苏舜钦写的《沧浪亭记》，

"昔子美之记，记亭之胜也，请子记吾所以为

记述的是沧浪亭的优美风景，而您就请记下我之所以要修建这个亭子的缘

亭者。"

由吧。"

① 浮图：这里指僧人。② 苏子美：苏舜卿，字子美，北宋文学家。
曾建沧浪亭，并作《沧浪亭记》。

余曰："昔吴越①有国时，广陵王镇吴中②，

我说："从前吴越国存在的时候，广陵王镇守吴中，在内城的西南

治园于子城③之西南，其外戚孙承佑，亦治

修了一座园子，他的外戚孙承佑在那旁边也修了座园子。到后来吴越被宋所

园于其偏。迨淮南纳土，此园不废。苏子美始

灭，这座园林仍旧没有废弃。当初苏舜钦在这里筑起了沧浪亭，后来僧人住

建沧浪亭，最后禅者居之，此沧浪亭为大云

在了这里，这沧浪亭就变成了大云庵。从有大云庵到现在已经两百年了，文

庵也。有庵以来二百年，文瑛寻古遗事，复子

瑛寻访古代的遗迹，在荒芜残破的废墟上，重新修复了苏舜钦的沧浪亭的旧

美之构于荒残灭没之余，此大云庵为沧浪亭

貌，这大云庵则又变成了沧浪亭。古今不断变迁，朝代也在更改。我曾经登

也。夫古今之变，朝市改易。尝登姑苏之台，
上姑苏山的姑苏台，眺望烟波浩淼的五湖，树木苍翠的群山。那太伯、虞仲

望五湖之渺茫，群山之苍翠，太伯、虞仲④
所建立的国家，阖闾、夫差所争夺的霸权，子胥、文种、范蠡所经营的盛世，

之所建，阖闾、夫差之所争，子胥、种、蠡⑤
如今都已经变成过眼烟云了，这大云庵和沧浪亭又算得了什么呢？虽然是这

之所经营，今皆无有矣，庵与亭何为者哉？虽
样，钱镠趁着乱世窃取了王位，占有吴越之地，国富兵强，延续了四代，他

然，钱镠因乱攘窃⑥，保有吴越，国富兵强，
的子孙亲戚，趁着这机会开始了奢侈糜烂、巧取豪夺的生活，宫馆园林的修

垂及四世，诸子姻戚，乘时奢僭，宫馆苑囿，
建，在当时可谓是盛行到了极点。然而只有苏舜钦的沧浪亭，才被佛教徒钦

极一时之盛，而子美之亭，乃为释子所钦重如
佩敬重到这个地步。可见士人要传留美名于千年之后，不像冰块那样很快就

此。可以见士之欲垂名于千载，不与其澌然⑦
消失得无影无踪，其中一定是有道理的啊。"

而俱尽者，则有在矣。

①吴越：五代十国的十国之一。②吴中：指苏州一带。③子城：即内城。④太伯、虞仲：相传是吴国的开创者。⑤子胥、种、蠡：指伍子胥、文种和范蠡。⑥钱镠：吴越国的建立者。攘：窃取。⑦渐然：冰块溶解的样子。

wén yīng dú shū xǐ shī　yǔ wú tú yóu① hū② zhī wéi cāng
文瑛读书喜诗，与吾徒游①，呼②之为沧
文瑛喜欢读书作诗，跟我们这类人交游，我们就叫他"沧浪僧"。

láng sēng yún
浪僧云。

①游：交往。②呼：称呼。

深入浅出读古文

沧浪亭，在今江苏苏州市，建造者是北宋诗人苏舜钦。沧浪亭落成后，苏舜钦曾写有一篇《沧浪亭记》，文中写了沧浪亭的构造和景色。

归有光的这篇文章与苏文不同，他只写沧浪亭的历史演变，即由园变成亭，由亭变成庵，再由庵变成亭。

归有光通过写这一变迁，抒发了对盛衰无常的感慨，同时，他也指出，只有功德文章才能历经万世而不朽，从而突出主题，行文别出心裁。

知识加油站

沧浪亭

沧浪亭，位于江苏省苏州市城南，是一处始建于北宋的古典园林建筑，是苏州现存最为古老的古代园林，最初为文人苏舜钦的私人花园。全园约一万平方米，以假山为中心，树木苍翠，建筑物环绕四周。五百名贤祠中，有与苏州历史有关的人物平雕石像五百多个。

阅读与思考

你觉得《桃花源记》中的世外桃源真的存在吗？请你说说看。

_____

_____

_____

_____

_____

_____

阅读完刘禹锡的《陋室铭》，你明白了什么道理？

_____

_____

_____

_____

_____

阅读与思考

你是如何理解《岳阳楼记》中"不以物喜，不以己悲"这句话的？

_____

_____

_____

_____

_____

大自然是神秘的，读完《石钟山记》，你能说说石钟山都有哪些神奇之处吗？

_____

_____

_____

_____